俊秀青年书系

策划人 郝宁

王一集 / 著

成长的烦恼

儿童、青少年发展障碍解析

上海教育出版社
SHANGHAI EDUCATIONAL PUBLISHING HOUSE

前言

让孩子健康、快乐成长是父母最朴素的心愿。但事与愿违，年幼的孩子依旧会与烦恼不期而遇。多动症、焦虑、抑郁、行为问题等五花八门的"时髦"障碍在刷新大众认知的同时，让人不禁疑惑：我们的孩子怎么了？

说到发展障碍，很多人还是不由自主地将它视为"洪水猛兽"，脑海中浮现出《飞跃疯人院》等影视剧的骇人片段。恐慌与回避来自欠缺相关知识与不理解发展障碍有多常见。发展障碍远非想象中那么罕见，尤其是儿童、青少年的发展障碍，有较高的检出率。只是在很多时候，父母和老师或是没能认识到孩子可能出现了发展障碍，需要帮助；或是在看到问题后，认为无伤大雅，听之任之；或是对号入座，为孩子的问题贴上错误的标签，不但没能提供有效的帮助，而且让问题愈演愈烈……了解儿童、青少年常见的发展障碍，能帮助我们练就一双火眼金睛，更好地辨别成长中的"烦恼"，在需要的时候及时伸出援手，为孩子的健康成长保驾护航。

发展障碍就像换季时一场突如其来的感冒，若能引起父母、老师的重视，得到合宜的引导和干预，它们不应该，也不会成为孩子成长中难以克服的烦恼。

  无论是想帮助身边的孩子跨越发展障碍，还是仅仅想了解儿童、青少年发展障碍这一方兴未艾的研究主题，这本书都能带您开启一段破译发展障碍之旅。希望我们的孩子最终可以驱散阴霾，恢复勃勃生机。

王一集

2021 年 4 月

目录

第一章　研究溯源：发展障碍的前世今生

- 2　儿童：精神障碍的免疫者或微缩版的成人？
- 6　童年期创伤：成人精神障碍的根源？
- 8　依恋理论眼中的发展障碍：亲子关系的重要性
- 11　家庭系统观：有问题的家庭系统
- 13　困难重重：三个研究难点

第二章　核心议题：理解发展障碍的密码

- 20　正常与障碍的边界在哪儿？
- 21　为什么要关注正常功能？
- 23　持续性与变异性：变化是唯一稳定不变的
- 25　发展轨迹：发展变化的趋势
- 28　风险和心理弹性：内心强大的孩子可以从容面对风雨
- 30　保护因素：什么在保护孩子？

第三章　心理学家眼中的发展障碍

- 34　盲人摸象：争论不休的发展障碍定义
- 36　管中窥豹：从典型症状看发展障碍
- 37　祸不单行：从症候群看发展障碍
- 40　分门别类：从类型看发展障碍
- 42　追根溯源：从发展精神病理学看发展障碍

第四章　发展障碍的后天因素：环境的影响有多大？

- 56　家庭环境：亲子、婚姻、同胞
- 57　　亲子关系：温暖支持是硬道理
- 59　　婚姻关系：父母和谐是主心骨
- 61　　兄弟姐妹：良好关系是保护伞
- 64　同伴关系：被拒绝的伤害
- 73　校园欺凌：悲伤逆流成河
- 81　压力山大：生活中的苟且

第五章　发展障碍的先天因素：生理决定论靠谱吗？

- 88　大脑：发展障碍的神经机制

98	基因：发展障碍的遗传密码
102	气质：与生俱来的先天差异

第六章 抑郁障碍：快乐走丢了

112	抑郁情绪不等于抑郁障碍
118	性别差异：女性更容易抑郁
120	易感性：抑郁障碍的幕后推手
120	影响抑郁障碍的生理因素
124	影响抑郁障碍的家庭因素
128	影响抑郁障碍的情绪因素
129	影响抑郁障碍的认知因素
131	小贴士：如何走出抑郁

第七章 焦虑障碍：无法解释的焦虑和恐惧

137	区分焦虑与恐惧
138	焦虑障碍的危险信号
139	形形色色的焦虑障碍
141	惊恐障碍：惊恐发作
142	场所恐怖症：害怕公共空间
143	广泛性焦虑障碍：被泛化的恐惧
144	特定恐怖症：害怕特定事物

145　社交焦虑障碍：害怕社交

147　分离焦虑障碍：害怕和父母分离

148　对焦虑说不：改变焦虑的思维定式和躯体反应

152　认知—行为疗法和药物治疗孰优孰劣

154　化蛹为蝶

第八章　注意缺陷／多动障碍：分心和多动不是孩子的错

159　跨越迷思：你真的了解注意缺陷／多动障碍吗？

161　性别差异：男生更容易患"多动症"吗？

163　诊断标准：不多动也可以分心

165　注意缺陷／多动障碍有什么危害？

167　孩子为什么会走向注意缺陷／多动障碍？

169　治疗方式的博弈

171　小贴士：如何走出注意缺陷／多动障碍

第九章　破坏性和品行障碍：暴力成瘾

174　愤怒：暴力的前奏

176　区别问题行为和行为问题

177　对立违抗障碍：习惯性愤怒和忤逆

178　品行障碍：蠢蠢欲动的反社会行为

目录

181　性别差异：男生和女生的暴力方式大不同
182　哪些孩子更容易患病？
182　　生理因素：基因、激素、脑功能
184　　环境因素：父母的作用不可小觑
185　　认知因素：有问题的思维模式
185　小贴士：如何减少暴力行为

189　**参考文献**

208　**后记**

第一章

研究溯源：发展障碍的前世今生

1952年，美国精神医学学会出版了第一版《精神障碍诊断与统计手册》(Diagnostic and Statistical Manual of Mental Disorder, DSM)。这本手册的出版是精神障碍研究历史上的里程碑，它迅速成了从业者的权威手册。第一版手册（DSM-Ⅰ）包含了100个心理疾病的条目。1968年，手册的第二版问世（DSM-Ⅱ），包含的条目数量翻了一番。1980年，第三版手册（DSM-Ⅲ）在条目数量上继续保持增长的传统，列出了约300种心理疾病。随后，1994年首次出版、2000年修订出版的第四版手册（DSM-Ⅳ）"不负众望"地列出了约400种心理疾病。

你也许已经敏锐地发现，在1952年至2000年不到50年中，记录在册的心理疾病增长了近3倍，而且保持了每一版都比前一版增加约100种的稳健增长态势。这意味着我们对人类精神疾病的了解和认识在过去的半个多世纪中经历了爆发式增长。但也有人说，很多心理疾病或许只是新时代的产物，在人类漫长的历史中，我们的祖先对这些心理疾病闻所未闻。

但不管怎样，对心理健康的关注才能成就完整的人。虽然这是一个崭新的学科，但其实关注的是一个古老的问题。

儿童：精神障碍的免疫者或微缩版的成人？

发展障碍的研究在历史的长河中浮浮沉沉，在不同阶段被烙印上颇具时代气息的形形色色的理论与观点。它们中的大部分虽然都已化作尘埃，但它们见证了人类一路走来为解开发展障碍的谜团所作出的每一步努力。这其中有前进，有迷失，有勘误，有迂回，可当这些星星点点的努力汇聚在一起时,它们就如银河般散发着激动人心的光芒。

早期的部分心理学家,如拉什(Benjamin Rush),认为发展障碍并不会困扰儿童、青少年。拉什的解释是,儿童和青少年在大脑发育和认知能力等方面的局限使得他们不太能够完整、清晰地记住让他们产生情绪困扰的负面事件,从而大大降低了因为无法忘记负面事件而罹患精神障碍的可能性。尽管这一论断现在看来极为武断,失之偏颇,但在当时却不乏支持者,在之后的很长一段时间内都极为流行。直至19世纪末,他的这一观点才开始遭遇"滑铁卢"。

虽然儿童记忆事件的清晰度和准确性有待提高,但他们能实实在在地体会到负面事件带来的伤心、愤怒、失望、沮丧等消极情绪。如果儿童无法有效调节消极情绪,长此以往,就会对其发展产生不良影响,即便他们事后可能无法很准确地还原事件的全貌。

例如,一个缺乏社交技能的学龄前儿童很想参与同伴的游戏,却不知道该怎么表达这一想法,他就可能通过一些不合时宜、与众不同的行为(如拍打他人、大声喊叫等)来吸引其他小朋友的注意。这种行为虽然能引起他人的注意,却不会让同伴产生好感而接纳他,甚至可能适得其反,引起同伴的反感。被同伴拒绝的伤痛会让他耿耿于怀,他也许很快会忘记被排斥的具体细节,在这类事件中感受到的情绪却会萦绕心间,挥散不去。

此外,如鲁宾斯坦(Eli A. Rubinstein)所言,还有一部分早期心理学家将儿童视作微缩版的成人,和成人有着完全相同的喜怒哀乐和心理机理。因此,他们认为,既有的关于成人精神障碍的知识可以全盘照搬,用来理解儿童期、青春期的发展障碍,毕竟这两者在本质上是完全相同的。

　　这种观点在当时并不突兀，甚至很好地反映了其社会背景，契合当时流行的观点。或许可以说，将儿童视作微缩版成人的论调之所以能在17、18世纪的西方社会盛行不衰，是和彼时的社会、经济背景密不可分的：医疗水平落后，资源相对匮乏，从而导致婴儿、儿童的存活率低，大批儿童小小年纪便被迫当上了童工，承担起供养家庭的重担。如果承认儿童、青少年群体的特殊性，就不能名正言顺地让他们参与社会经济建设，对于家庭和社会都是一笔无法承受的损失。

　　直至20世纪早期，儿童作为微缩版成人的论调才开始被批判并淘汰。伴随着对妇女、儿童等社会弱势群体的关注和维权运动的兴起，人们开始承认，和成人相比，儿童并不仅仅只是在体量上有差异，更在认知、情绪、生理发育等诸多方面都存在无法漠视的差别，不能一概而论。由此，儿童期开始从成人期独立出来，成为人类发展的一个独立阶段。难怪有学者甚至将20世纪称作"儿童的世纪"。

　　在之后的研究大潮中，无数心理学家前赴后继，为推动儿童、青少年发展障碍这一领域的萌芽和发展作出卓越的贡献，其中几位心理学家功不可没。

　　法国实验心理学家比奈（Alfred Binet）及其同事亨利（Victor Henry）、西蒙（Theodore Simon）在1905年开发了历史上第一套测查儿童"高级认知功能"的标准化研究工具，这套工具如今被称作智力测验。比奈和同事们开发这套工具的初衷是为了筛查哪些儿童可能存在认知发育迟缓，从而导致学业困难。

　　出于同样的目的，美国心理学家、宾夕法尼亚大学教授威特默（Lightner Witmer）同时期创办了世界上第一个儿童心理诊所。这个诊所被用来检测、诊治学业困难的儿童，通过相关病例的诊疗来拓展、积累对这一领域的理解。

与以上两位专注于儿童学业困难的心理学家不同，希利（William Healy）将视野扩展到更大的领域，探讨了儿童、青少年的社会性、情绪性发展障碍。为了预防、干预青少年犯罪，希利等人大力倡导、推动儿童、青少年指导计划。在一个研究报告中，希利指出，青少年犯罪并不是由单一的危机因素决定的，而是由多个协同运作的危机因素共同驱动。这些危机因素一起织就了一张纷繁、复杂的网，推动了青少年犯罪。

在诸多因素中，希利尤其强调后天养育环境的重要性，他认为青少年犯罪在很大程度上是因为父母疏于管教。这个在当时一度被视为前卫的观点，逐渐在时代的潮流中证明了自身的价值，从而逐渐成为主流观点。消极的家庭环境因素对儿童、青少年发展障碍的影响也在这个过程中得到了认同和重视。

在儿童、青少年指导计划中，青少年犯罪被视为青少年发展障碍的一个主要症状。这个指导计划后续慢慢拓展到关注儿童的日常情绪、行为问题等更广泛的领域，相关心理学家都在这一研究关注的转变中，蜕变成儿童、青少年发展障碍领域的第一批举足轻重的学者。

"问题儿童"这个词语从 19 世纪 20、30 年代开始出现。"问题儿童"在本质上和正常儿童并无不同，但他们会表现出和社会期待不匹配的行为，例如咬指甲、撒谎、叛逆等。这标志着研究者的视野从有犯罪经历的儿童、青少年扩展到普通儿童，并试图为儿童、青少年发展障碍正名。其实，发展障碍并不是精神病的代名词，而是很多儿童、青少年在成长过程中都可能经历的一种状态。

这个研究方向的转变具有独特的社会背景。在前工业化时期的西方社会，人们以家庭为单位自给自足。随着工业化进程的发展和社会分工的细化，食物、衣物等基本生活资源的生产不再依靠家庭，人们纷纷走出家庭，谋求就业机会。医疗水平的提高也降低了婴幼儿的死亡率，使父母更愿意在孩子身上投资。父母对孩子的空前关注使得他们更多地观察、意识到孩子身上那些"与众不同"的问题，急切地寻求专家的解答和帮助。广泛的社会需求催生了儿童、青少年发展障碍领域最初的兴盛和繁荣。

童年期创伤：成人精神障碍的根源？

虽然发展障碍直至近些年才越来越多地出现在大众的视野中，但它并不是一个新鲜的研究主题。

在 19 世纪末之前，人们普遍相信精神障碍源于大脑功能的紊乱。紧随其后，一个更全面的观点开始浮现。人们逐渐认识到，除了生理因素之外，环境因素也在精神障碍的形成中起了不可忽视的作用。不过，最早开始系统性地探索、解释精神障碍的当属精神分析流派。

早在 20 世纪初，以弗洛伊德（Sigmund Freud）为代表的精神分析流派的心理学家就已开始孜孜不倦地探究精神障碍及其背后的形成机制。通过大量的访谈，弗洛伊德认为，精神障碍在很大程度上源于人类自身理性与本能的冲突。

在这场理性与本能的旷日持久的冲突中，自我被分化成三个阵营

（如图1-1所示）。第一个阵营是代表人类原始基本欲望的本我。潜意识中的本我毫无理性可言，任性且不遗余力地为我们自身的喜好、需求和欲望代言。我们不能有意识地感知到本我，更无法控制它。第二个阵营由超我坐镇。超我代表了我们在成长的社会化过程中所逐渐理解、接受并内化的价值观、道德理念和约定俗成的社会规则等。它就像一个恪尽职守的看守，时时刻刻都在监督我们的情绪、行为、思想等。第三个阵营则由理性的自我组成。自我是联结任性的本我和负责的超我的纽带。在超我和本我的冲突中，自我会通过压制本我来调节、缓和两者之间看似不可调和的矛盾。弗洛伊德认为，精神障碍正是源于自我的调控机制的失败。

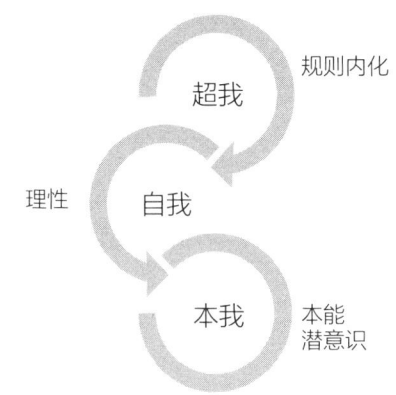

图1-1 弗洛伊德提出的本我、自我和超我

我们可以举个例子。明天就要面对一场重要的考试。到了晚上，困意袭来，本我会觉得经过一天的辛苦复习已经很累了，该早点上床休息。但超我不同意，它认为应当继续挑灯夜战、积极备考，直至把每一个必考知识点都牢牢掌握。是睡觉，还是复习？这是一个难题。无法调和的矛盾就需要自我来协调，自我会提出一个折中的方案，即在体能允许的前提下，再坚持一会儿，以复习更多的内容。但是，如果理性的自我调控失效了，放任本我而不约束，就可能导致复习不充分，考试成绩不尽如人意。超我就会很失望，继而产生内疚、自责等

负面情绪。

虽然精神分析流派更关注成人的精神障碍，但它创新性地提出，要想了解成人精神障碍的症结，需要从其童年经历来追根溯源。童年期不愉快的创伤经历并不会随着时间的流逝而消逝，而是会为个体后续的适应不良甚至精神障碍埋下隐患。然而，弗洛伊德并不认为儿童、青少年的发展障碍是独立于成人精神障碍的研究领域。因此，在精神分析流派大行其道的 20 世纪，对儿童、青少年发展障碍的关注姗姗来迟。

依恋理论眼中的发展障碍：亲子关系的重要性

在发展心理学的诸多理论中，"依恋理论"（attachment theory）可谓家喻户晓的经典理论，从其诞生之初便广受关注。时至今日，它依然盛行不衰，在发展障碍领域有广泛的应用。

依恋理论是由英国心理学家鲍尔比（John Bowlby）提出的。和同时代的绝大多数心理学家一样，鲍尔比深受精神分析流派的影响，但个人经历为他打开了一扇独一无二的窗，透过这扇窗，他发现了精神分析流派无法窥见的内心世界。鲍尔比幼年的大部分时光都和他的保姆一起度过，他也因此对保姆产生了很深的依恋。他的母亲每天会为他读一个小时的书，而这一个小时是幼年的鲍尔比和母亲共度的唯一的亲子时光。在鲍尔比四岁的时候，他的保姆离开了，这是年幼的鲍尔比第一次感受到离别的悲伤。随后，第一次世界大战爆发。鲍尔比的父亲应召入伍，常年无法回家，只能通过寥寥的家信和家中保持联系。鲍尔比的母亲为了使孩子不受影响，从来不将父亲的书信与鲍尔比以及他的兄弟姐妹分享。幼年时父亲的缺位在鲍尔比的心中留下了深深的烙印，雪上加霜的是，小小年纪的鲍尔比被送到了全日制寄宿学校，独自在外，远离家人，这段经历在鲍尔比的心中留下了难以磨灭的伤痛。

第二次世界大战爆发后，有医学背景的鲍尔比作为随队军医奔赴战场，目睹了战争给孩子带来的巨大创伤。当时的欧洲成立了很多孤儿院，用来安置在战争中父母双亡、流离失所的儿童。鲍尔比敏锐地发现，这些劫后余生的孩子虽然在孤儿院中能够得到温饱和人身安全，但他们并不快乐，甚至绝大多数都或多或少地被心理问题困扰。鲍尔比发现，自己熟知的精神分析流派的方法并不能很好地解释这些孩子承受的心理困扰。结合自身的经历，他认识到，和父母的分离以及亲子关系的缺失或许是造成心理困扰的原因，抓住这一点，才能拿到打开孩子们心结的金钥匙。

通过大量的观察和个案分析，鲍尔比还发现，儿童失去亲人后的反应有规律可循，他们会呈现相似的行为模式。刚进入孤儿院的孩子还沉浸在突如其来的悲伤中，试图弄清楚周遭的一切。他们依然抱有不切实际的幻想，认为这一切只是暂时的，很快就能重新回到父母的怀抱。因此，这些孩子往往会肆无忌惮地大哭大闹，以此表达内心的抵触和抗议，心底还暗暗地希望能用这种方式唤起父母的注意。然而，幻想终究会在日复一日的期望与失望的循环中消磨殆尽。孩子们会慢慢地理解周遭的一切，也不得不接受这个残酷的现实：也许父母是真的离开了他们，再也回不来了。这个阶段的孩子往往会表现得较为平静，用表面的风平浪静来掩饰内心的波涛汹涌。到最后，孩子们会彻底放下内心最深处与父母、家人团聚的念想，割断与父母的情感纽带，剥离曾经的亲子关系。过往的不解、抗议、愤怒、失望都汇聚成失去、放下的痛苦。

目睹这一切的鲍尔比从此与精神分析流派分道扬镳，另辟蹊径，提出了依恋理论。该理论对于儿童、青少年发展障碍具有重要的指导意义。

第一，和精神分析流派不同，依恋理论创新性地将目光投向儿童、青少年群体，承认他们也会受心理问题的困扰，是需要重点关注的人群。

第二，对于儿童、青少年发展障碍的形成机制，依恋理论从亲子关系的角度进行解释，认为有问题、低质量的亲子关系是推动儿童、青少年发展障碍的主要危机因素。

第三，年幼时期糟糕的亲子关系不仅会在当下让儿童产生心理困扰，更会对儿童的毕生发展产生深远的消极影响。依恋理论认为，以幼年时的亲子关系为模板，儿童会对自我价值和亲子关系形成心理表征，这被称为内部工作模型（internal working model）。糟糕的亲子关系会让儿童倾向于贬低自我的价值，对与他人的亲密关系产生怀疑和不信任；而积极、良好的亲子关系会提升儿童的自我价值感，也使他们更愿意信任、依赖与他人的联结。内部工作模型一旦形成，就会有较强的稳定性，不仅会影响儿童的亲子关系，还会对他们的同伴关系乃至成年后的恋爱关系产生持久的影响。

鲍尔比的依恋理论在儿童、青少年发展障碍领域得到了广泛的关注和应用，它为理解儿童、青少年发展障碍的形成机制开辟了一片新天地。在它诞生后，支持它的相关实证研究层出不穷。这些研究发现，童年期被虐待、忽视的儿童更可能和其主要照顾者（如母亲）形成紊乱型依恋模式，而这类儿童不仅更可能出现各种认知和社会性的适应不良，例如焦虑、注意力涣散、社交退缩等，而且更可能罹患各类发展障碍，在青春期乃至成年后发展出焦虑障碍、抑郁障碍、双相障碍和精神分裂症等。

为什么和母亲产生紊乱型依恋关系的儿童会是发展障碍的高危人群呢？心理学研究试图回答这个问题。我们之前提到过，儿童会根据早期亲子互动的质量形成认知层面的内部工作模型。内部工作模型通常包含两个部分：一是对自我价值感的认知；二是对他人与亲密关系的认知。前一部分的自我价值感会融入儿童发展中的自我概念，成为其自我认知的有机组成部分。

心理学研究也为该理论假说提供了实证依据。例如，勒孔特（Vanessa Lecompte）等人的研究发现，和母亲产生紊乱型依恋关系的儿童更可能形成贬低自我价值的内部工作模型，这会进一步导致他们形成较低的自尊，而后者还能预测他们在青春期的抑郁症状。换句话说，童年期糟糕的亲子关系会损害儿童的自尊，使他们在青春期更可能受到抑郁的侵扰。

家庭系统观：有问题的家庭系统

在发展障碍研究的历史上，儿童、青少年发展障碍的理论导向一直在变化。从一开始认为儿童、青少年是精神障碍的免疫人群，到将儿童、青少年视作微缩版的成人，把儿童、青少年发展障碍等同于成人精神障碍，再到承认儿童、青少年发展障碍的特异性，相关理论在拨乱反正的过程中不断前进。

20世纪中期,家庭系统观兴起并迅速被发展障碍领域的学者借鉴。家庭系统观认为,整个家庭是一个有机运行的整体,包括由父亲、母亲构成的父母子系统,和由子女构成的兄弟姐妹子系统(如图1-2所示)。家庭系统的沟通既包括各个子系统内成员的交流与反馈,又包括子系统之间的亲子互动。

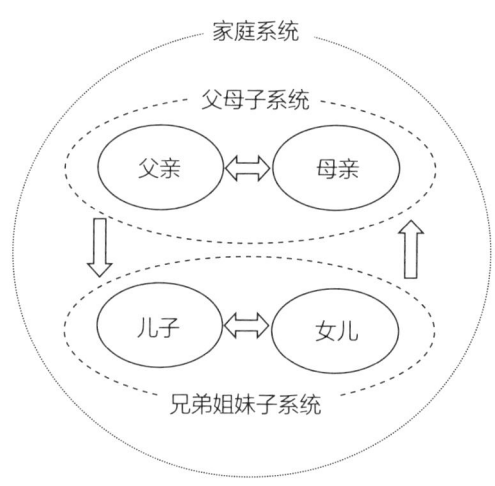

图1-2 家庭系统观

例如,如果父亲和母亲经常因为育儿产生分歧,无法达成一致,就会制造夫妻矛盾,使冲突愈演愈烈。父母亲持续不断的冲突不仅会对婚姻关系造成伤害,还会让他们在管教孩子时缺乏耐心,对孩子发脾气,也更可能胁迫孩子听话、顺从。换句话说,由婚姻冲突引发的负面情绪会悄悄地蔓延到亲子互动中,损害亲子互动和亲子关系的质量,让孩子无形中成了婚姻冲突的替罪羊。心理学把这种现象叫作"溢出效应"(spillover effect),体现了父母子系统和子女子系统之间的非良性互动。

按照家庭系统观的观点，在一个家庭成员出现心理问题后，势必会通过与其他家庭成员的消极互动破坏整个家庭系统的良性运作。同理，如果整个家庭系统的功能出现了问题，每个家庭成员都会被牵累。

受家庭系统观的启发，从 20 世纪 50 年代开始，一些研究者重新解读儿童、青少年发展障碍。他们认为，不能仅仅从儿童自身寻找症结，而是需要将儿童所处的家庭系统及其家庭成员视为一个整体来考量。换句话说，在他们的眼中，出问题的还包括儿童的家庭，家庭本身也是需要关注的"病患"。

除了家庭成员、子系统之间的相互依存性，家庭系统理论还强调平衡（homeostasis）对家庭系统运作的重要性。当既有平衡被突发事件打破时，家庭系统就可能陷入瘫痪。例如，当某位家庭成员抑郁时，他的消极情绪和行为会不可避免地影响家庭整体的情绪氛围，为正常的家庭互动蒙上紧张的气氛。这种悲观、消极的情绪还会传染家庭中的其他成员。有研究发现，当母亲出现抑郁情绪时，父亲也更可能发展出抑郁情绪，两者之间存在显著的相关。因此，这些早期研究者认为，重塑家庭系统的平衡，让家庭系统恢复良性运作才是解决问题的正确途径。

困难重重：三个研究难点

儿童、青少年发展障碍领域的研究方兴未艾。如今，这个领域每天发表的学术论文的数量比 20 世纪早期几年间发表的论文都要多。学者们的学术热情和研究投入让人们对儿童、青少年发展障碍的理解与日俱增。

人们认识到，并不是只有特殊儿童才会被发展障碍困扰。恰恰相反，发展障碍在正常儿童中也极为常见，而且发生时间早，持续时间较长。此外，发展障碍具有不同的性质，不能一概而论。例如，部分症状可能是压力环境的产物，属于正常应激反应。这些症状会随着环境中压力的减退而烟消云散。但如果环境中的压力因素持续发力，儿童得不到及时的干预，其短期的应激反应就可能被不断强化，导致问题模式的稳定性不断增加，最后甚至会恶化并发展出情绪障碍。这就提醒我们，如果得不到及时且有效的关注和干预，儿童、青少年早期发展障碍往往会在青春期、成年期进一步恶化，这对儿童及其家庭，甚至整个社会来说，都是不小的负担。换言之，很多成年人的精神障碍并不是一朝一夕产生的，而是在童年期、青春期就已初现端倪，但由于种种原因，这些早期的症状没有得到应有的关注，在循环中一步步恶化。

即便在今天，研究儿童、青少年发展障碍也困难重重，存在诸多阻碍。

难点1：过多借鉴成人理论。

相当一部分关于儿童、青少年发展障碍的理论是从成人精神障碍领域借鉴过来的。儿童、青少年和成人存在巨大差异，这些借鉴来的理论在理解儿童、青少年发展障碍上并不具有天然的优势。虽然儿童、青少年的部分发展障碍病例和成人病例有相同的诊断标准（如抑郁障碍），但精神障碍在不同阶段的具体症状、心理和行为表征是截然不同的，不能一概而论，更不能生搬硬套，将成人期精神障碍的知识用在儿童、青少年身上。研究者需要考虑精神障碍在不同年龄段的

第一章 研究溯源：发展障碍的前世今生

特点、表征等。

例如，在针对成人的抑郁模型中，基因易感性（genetic vulnerability）是一个很重要的因素。但是基于儿童的实证研究发现，基因对儿童期抑郁的影响尚存争议，在不同的研究中有不一致的结果。这表明，针对成人的抑郁模型可能并不适合全盘搬抄，用来理解儿童、青少年抑郁。受此启发，研究者认为有必要开发适合儿童、青少年的抑郁模型。事实证明，为儿童期、青春期量身定制的抑郁模型对于理解该年龄段的抑郁更有针对性，也更准确。

即便是以儿童、青少年为对象的研究，它们的结论也具有不可忽视的局限性，不能无条件地推而广之，而是需要对结论的解读和应用加以限制。例如，这些研究往往针对某个特定年龄段的儿童、青少年，或是针对某个特定的环境，它们的研究结论也就不能用于宽泛地解读全年龄段的儿童、青少年在多个环境中的表现。

考虑到横断研究的局限性，近年来，研究者越来越多地采用纵向追踪的研究设计，通过对儿童、青少年在一定时间段内进行多次重复的测量来理解他们的发展与变化。和传统的横断研究相比，纵向研究的优势是不言而喻的。它试图从发展的角度来看问题，更符合儿童、青少年发展与变化的特点。但在具体的研究设计和实施上，时间节点的选择就显得尤为重要。合适的时间节点能敏感地检测到研究者感兴趣的发展与变化，而不合适的时间节点可能会使研究者与真正的发展与变化擦肩而过。对纵向研究而言，除了时间节点之外，选择匹配相应年龄段的认知发展水平和相关能力的研究工具也很重要，太难或太简单的研究工具都无法得出准确的结果。

难点 2：发展障碍界定不明晰。

对于儿童、青少年发展障碍的概念界定依然存在较大的分歧和争论。哪些行为是正常的问题行为，哪些是发展障碍的行为表征，这个看似一目了然的问题正是发展障碍研究的难题之一。这个问题之所以会成为难题，主要在于正常的问题行为和发展障碍的行为表征在一定程度上存在重合，界定的标准不是很明晰。例如，有些儿童忤逆家长、老师，总是和家长、老师对着干。"忤逆"这一行为可以是正常的问题行为，也可以是对立违抗障碍（oppositional defiant disorder）的一个具体行为表征，两者的界限并不明晰。

正常问题行为和发展障碍的行为表征之间模糊的概念边界还体现为，很多时候两者并没有质的区别，仅存在量的区别。问题行为严重到一定程度，就会成为发展障碍的行为表征。还是以忤逆行为为例，是不是存在忤逆行为并不是判断发展障碍存在与否的标准，忤逆行为的持续时间、频率和程度才是判断的关键，而后者显然要比前者更复杂。因此，类似忤逆的问题从行为的程度上区分就会比从类别上区分难得多。

难点 3：儿童、青少年发展障碍错综复杂。

大部分儿童、青少年发展障碍都不是"一个人"在战斗，它往往会"呼朋引伴"，和其他发展障碍存在错综复杂的联系，具有高并发性。例如，50% 以上有抑郁倾向的儿童、青少年会出现两种及以上的伴生发展障碍。常见的伴生障碍包括焦虑障碍、注意缺陷/多动障碍以及破坏性和品行障碍等。并发的发展障碍为厘清其中的来龙去脉制造了障碍。

具体地说，在并发的态势下，研究者无法确定某个基因或环境风

第一章 研究溯源：发展障碍的前世今生

险因素是不是导致抑郁的独特因素，又或者对多种发展障碍都有推动作用。同样，研究者无法确定多种发展障碍并发是因为它们有相同的致病机制，还是因为其中的某种发展障碍会损害儿童、青少年的良性发展，使得他们更容易发展出其他相关的发展障碍。

回到之前的例子，研究者发现有抑郁倾向的儿童、青少年很可能会同时出现以攻击、破坏行为为典型表征的外化问题。为什么抑郁和外化问题有截然不同的行为表现，却依然如此高频地同时出现？对于这个问题，研究者莫衷一是。

有的研究者认为，这可能是因为以抑郁、焦虑为主要表现的内化问题和以攻击、破坏行为为主要表现的外化问题存在共同的致病因素，而这个共同的致病因素解释了看似风马牛不相及的两种问题的高并发性。

还有研究者认为，这可能是因为有外化问题的儿童在同伴中不受欢迎，更可能被同伴排斥，而这一社会经历对渴望被同伴接纳、重视同伴关系的儿童、青少年来说无疑是痛苦的。其实，不仅仅是儿童、青少年，被他人排挤、排斥这一社会事件即便对身心相对成熟的成年人来说也是一桩难以接受的事。严重的情况下，社交排斥作为一种急性社会压力，甚至会诱发一系列不良反应。遭受社交排斥的儿童可能因而产生消极情绪，诱发抑郁等内化问题。

发展障碍高并发的特点为厘清各种发展障碍的独特致病机理、发展特点等设置了重重迷雾，使研究的推进充满了挑战。

第二章

核心议题：理解发展障碍的密码

当心理学家研究儿童、青少年发展障碍时，他们在想些什么，又在关注些什么？

要回答这个问题，我们需要了解发展障碍领域的一些核心议题。例如，如何清晰地界定正常与障碍的边界；在关注障碍的同时不能一叶障目，忽视良性发展与适应；如何理解发展中的稳定性与变异性；从发展的角度出发，关注长期的发展轨迹；个体差异能否用危机和心理弹性的博弈来解释；保护因素和危机因素都有哪些；环境因素如何影响个体的发展与适应，等等。这些议题就像一座座灯塔，为研究者在发展障碍的茫茫大海上航行指引方向。

正常与障碍的边界在哪儿？

虽然看起来正常与障碍应当泾渭分明、一目了然，但对研究者而言，要对两者进行明确的区分，划分清晰的边界，并不是一件容易的事。其中的难点，我们已在之前的篇幅中详细说明。界限的制定在很多情况下有赖于研究者的主观经验与判断，有很强的主观性。在传统研究中，研究者为了避免这个麻烦，往往会简化问题，从症状、诊断标准的角度简单、粗暴地界定单一种类的发展障碍，勾勒发展障碍的轮廓，而这仅仅是发展障碍的冰山一角。研究者更愿意将发展障碍视为正常功能的崩坏，连续维度上浮动的超出正常变异水平的行为、情绪以及生理层面的损伤等。

美国纽约大学的韦克菲尔德（Jerome C. Wakefiled）教授就提出，广义上，发展障碍应当从"有害的失调"（harmful dysfunction）这个角度进行界定，关注对儿童、青少年正常的生理、心理功能造成损害的现象。具体地说，他认为下列情况可以作为儿童、青少年发展障碍的判断标准。

第一，依据社会规范和期望的标准判断，发展障碍范畴的行为会导致儿童受到伤害，丧失一些原本该有的权益。例如，总是对同伴有攻击行为的儿童可能会因此被同伴拒绝和排斥，丧失与同伴进行良性互动的机会。

第二，该情况源于儿童内部机制的失调，如儿童的自我控制失调，无法很好地约束自己的情绪表达和不合适的行为。

发展障碍的表征应当同时满足以上两个条件。韦克菲尔德的提议虽然有一定的道理，却也有明显的局限。他大而化之地回答了"什么是发展障碍"，却对具体的判断标准语焉不详，这就使得这套概念体系在研究实践中缺乏可操作性。

与韦克菲尔德教授同时代的其他研究者也在积极地勾勒发展障碍和正常发展的边界，但迄今为止，边界的划分依然存在诸多的挑战和争议。尽管这是大家不愿意承认的，可事实上，研究者依然一筹莫展，只能退而求其次，沿用类型划分的方法界定发展障碍。

为什么要关注正常功能？

为什么研究发展障碍还要关注正常功能呢？这主要基于以下几种考量。首先，在对发展障碍的研究中，研究者往往需要参照正常发展来判断障碍是否存在，以及究竟有多严重。所以，研究者不仅需要采集病患的数据，还需要采集一组与病患在多个人口学变量上（如年龄、性别、家庭经济水平、受教育程度等）都没有太大差异的健康人群的数据作为对照。这样，通过比对病患组和健康对照组的差异，研究者就能进一步确定病患是否存在相关功能的损害，以及这些损害究竟有多严重。

其次，打个比方，正常功能与发展障碍可以被理解成一个硬币的正面和反面。如图 2-1 所示，对于任一行为，一旦它能够符合社会期望，实现相应的社会功能，它就属于正常功能范畴。但若它背离社会期望，无法实现既定的社会功能，甚至还会对儿童、青少年的利益造成损害，那它就属于发展障碍范畴。

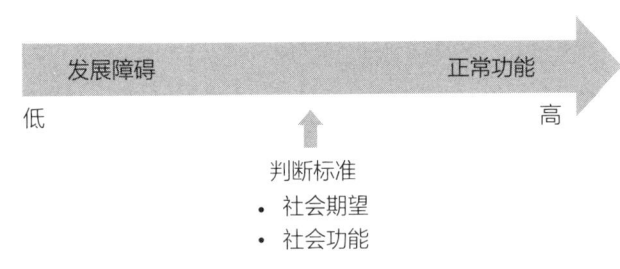

图 2-1　发展障碍与正常功能的关系

最后，在儿童、青少年群体中，发展障碍的具体表现形式并非千篇一律，而是千人千面，具有很大的个体差异。患有发展障碍的儿童、青少年可能仅仅在部分维度上有问题，而在其他维度上具有正常功能，与正常儿童并无二致。以注意缺陷/多动障碍为例，在这类儿童、青少年患者中，有些会出现典型的注意缺陷症状（如不能密切关注细节，难以持续关注以目标为导向的任务和活动，容易走神），而没有任何多动的症状；有些会出现典型的多动症状（如总是坐立不安，说话太多，没有耐心等待），而没有任何注意缺陷症状；还有些会在注意缺陷和多动这两个方面都有明显的症状。除了个体差异之外，儿童、青少年还会在其发展的不同阶段呈现不同的症状以及症状程度的改变，在正常功能和发展障碍之间波动。因此，发展障碍是相对于正常功能而言的，脱离了正常功能而仅仅关注发展障碍没有任何意义。只有了解正常功能，才能帮助我们更全面、准确地甄别发展障碍。

持续性与变异性：变化是唯一稳定不变的

变化是儿童、青少年最显著的特征。在日益增长的能力中，哪些是稳定存在的，反映了个体发展的持续性？哪些是不停变化的，反映了发展中新收获的技能？发展的持续性（continuity）和变异性（discontinuity）这个发展心理学中的经典议题，同样是儿童、青少年发展障碍领域的核心议题。例如，一个3岁的幼儿没有固定的单个玩伴，而8岁时他可能会有1个固定的朋友，经常一起玩耍。我们会疑惑，玩伴数量从0到1的变化，是不是反映了这个孩子从不善交际、没有朋友，发展为能够与同伴建立并维持良好关系，代表了这个孩子在社交技能上令人可喜的变化？又或者说，这仅仅是量变，还没有达到质变的程度？如果这个孩子依然在社交技能上存在问题，无法和更多同伴建立稳定的关系，是否代表了他在社交技能上长期存在缺陷？

发展的持续性和变异性在儿童、青少年发展障碍领域具有重要的意义。虽然有个别发展障碍具有时间的特异性，仅仅在特定阶段出现，会随着儿童的发展而消失，但是绝大部分发展障碍（如情绪障碍、自闭症等）都具有很强的持续性和稳定性，在症状显现后，会在相当长的时间内如影随形。

为什么儿童、青少年发展障碍具有很强的持续性？这或许可以从以下几个不同的方面解释。

第一，部分早期发展障碍的症状和后期障碍有直接关联。一方面，这种直接关联可能反映了症状在不同年龄段持续地发展。另一方面，早期障碍会导致儿童、青少年在生理基础（如脑功能等）和正常技能（如社交技能、社会认知能力等）上出现缺陷，而这些为后期问题的显现和恶化埋下了隐患。

例如，自闭症儿童无法和同伴进行正常的互动和玩耍，而积极的同伴互动能够推动儿童社会认知和社交技能的增长，让儿童更好地了解同伴的想法、解读他人的面部表情和情绪、掌握社会规则等。自闭症儿童会因为积极同伴互动的缺失，在社会认知和社交技能上存在缺陷，后者会进一步发展为自闭症儿童在社交上的功能缺损。

第二，部分早期发展障碍的症状和后期障碍可能存在间接关联，这可以用个体特质和环境因素的交互来解释。例如，在一个关注学前儿童的纵向研究中，研究者爱格兰德（Byron Egeland）及其同事发现，1—3岁的机构托幼经历会对儿童造成差异化的影响。具体地说，机构托幼的经历会给在婴儿期和母亲形成安全型依恋关系的幼儿造成负面的影响，使他们出现更多的负面情绪、社交退缩和攻击行为。但对那些在婴儿期和母亲形成非安全型依恋关系的幼儿来说，这一经历并非坏事，它会带来积极的变化，让他们在社交中变得更加积极和主动。

换句话说，相同的机构托幼经历对儿童的影响是不同的，原因就在于儿童的个体差异。这些个体差异会作用于他们成长的环境，催生不同的结果。同理，早期问题和后期障碍的间接关联在一定程度上可以被儿童、青少年的个体特质和环境因素的交互作用所解释。

除此之外，这些间接关联也可能是儿童、青少年对负面环境因素作出"主动"选择的结果。这里的"主动"之所以加上了引号，是因为这种选择虽然是由个体本身的特点导致的，但是个体主观上可能并不会意识到这一点。

例如，攻击行为是外化问题的一种行为表征。具有高攻击行为倾向的儿童会经常出现推人、打人等行为，同伴会拒绝接纳他们，不愿意和他们玩耍。为了寻求归属感，这类因为攻击行为而被排斥的儿童只能和其他具有类似问题的儿童互动，抱团取暖，他们的问题行为也会因为这一"交友不慎"的选择而进一步强化，导致他们在后期出现破坏性和品行障碍。

在这个例子中，儿童攻击行为的恶化是因为他们"主动"选择了同样极具攻击性的同伴群体，而这种选择是由他们本身的攻击行为倾向驱动的。近朱者赤，近墨者黑。也许他们在主观上并未意识到，但这并不妨碍他们融入趣味相投的同伴群体，并受到同伴文化的影响。

发展轨迹：发展变化的趋势

考察发展障碍的持续性和变异性，离不开发展轨迹（developmental pathway）。发展轨迹描述了发展障碍在一定时间段内发展、变化的趋势，能相对直观地展现发展障碍在特定时间段的发展态势。不过，研究者不能直接观测到发展轨迹，而是需要通过纵向研究、数据建模的方式合理地估算发展轨迹。

举例来说，如果研究者想要考察高中生抑郁的发展轨迹，他们就会采用纵向研究的方式，在高中阶段对被试进行至少三次的重复测量。这样，经过三次的数据收集之后，研究者就能掌握每个被试在高一、高二、高三的抑郁水平。接着，基于样本中所有高中生的数据，研究者会通过数据建模，估算出整个样本的抑郁情绪在这三年中发展与变化的平均趋势。这个趋势可能是线性的，也可能是非线性的；可能是增长的，也可能是下降的或稳定的。

我的一个研究就关注了发展轨迹的问题。以这个研究为例，我们可以直观地了解发展轨迹在研究中的应用。在以往的研究中，研究者发现当母亲长期被抑郁情绪困扰时，她们的孩子会是多种发展障碍和适应不良的高危人群，但是很少有研究采用纵向研究的方法考察这些高危儿童的发展轨迹。因此，我们选择了抑郁母亲的孩子，针对他们的内化和外化问题，在他们24个月、36个月和54个月大时三次重复施测。基于这三次的数据，我们采用了增长模型对学前儿童在24—54个月间的内化、外化问题分别建模，并由此绘制了学前儿童的内化、外化问题在该年龄段的发展轨迹。

图2-2展示了四组学前儿童在该阶段的内化问题（如左图所示）和外化问题（如右图所示）的发展轨迹。相对来说，不论男女，抑郁母亲的孩子比健康对照组的孩子有更严重的内化问题和外化问题。但就抑郁母亲的孩子来说，男孩和女孩在这两类问题上呈现不同的发展轨迹：就内化问题而言，男孩在这个阶段呈现大致平稳的轨迹，也就是说，他们内化问题的水平在这个阶段比较稳定，没有太大的变化；

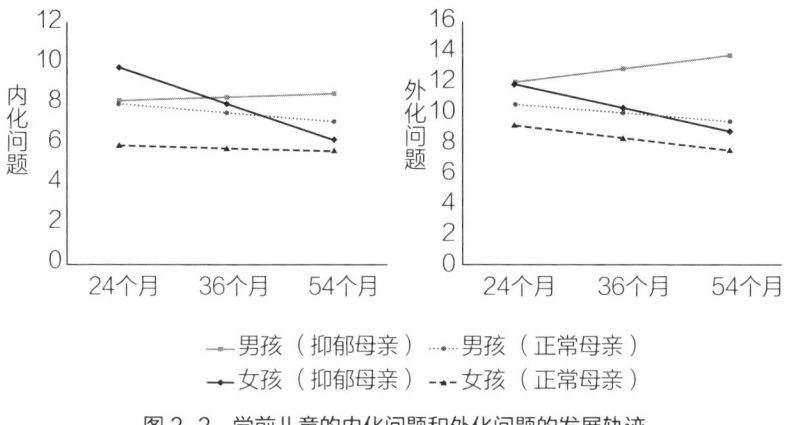

图 2-2　学前儿童的内化问题和外化问题的发展轨迹
（Wang & Yan，2018）

但女孩呈现一个明显下降的轨迹，这意味着，她们的内化问题会在这个阶段明显减少。在外化问题的发展轨迹上，我们也发现了类似的性别差异：男孩会在该阶段呈现上升的外化问题发展轨迹，女孩则会呈现下降的外化问题发展轨迹。综合来看，当母亲出现长期的抑郁情绪时，对男孩的影响会更消极。

所以，发展轨迹是对单个发展障碍、问题症状的发展、变化态势的直观描述。虽然它不能通过直接观测得到，但基于追踪测量的数据建模能帮助研究者测算出与数据契合的发展轨迹。如今，发展轨迹在越来越多的发展心理学和发展障碍的研究中得到应用，它可以用来考察发展障碍的持续性和变异性、发展障碍和正常功能之间的浮动变化，以及多种发展障碍的并发性等各类问题。

风险和心理弹性：内心强大的孩子可以从容面对风雨

让我们从母亲抑郁的例子谈起，帮助大家理解心理学家眼中的风险（risk）和心理弹性（resilience）的概念。母亲抑郁是一个环境危机因素。当母亲长期被抑郁情绪困扰时，她们的孩子是发展障碍的高危人群。但需要澄清的是，和正常母亲的孩子相比，抑郁母亲的孩子只是大概率或者说更可能出现问题。换句话说，这个论断不能推广到每一个个例，并不是所有抑郁母亲的孩子一定会出现发展障碍。也有一部分孩子，即便长年生活在母亲抑郁情绪的阴影下，依然能身心健康地成长。在这个例子中，母亲的抑郁情绪是儿童成长环境中的一个风险因素，而这部分"出淤泥而不染"的孩子很可能受益于他们拥有较高的心理弹性，他们也就是我们所说的心理强大的孩子。

首先，让我们来了解什么是风险。心理学家眼中的风险是一个复杂的概念，它指可能推动个体产生适应不良、发展障碍的因素。风险可以是儿童的个性、气质等因素。例如，儿童具有独特的气质，这在很大程度由先天的遗传所决定。具有困难型气质的儿童是父母眼中不折不扣的熊孩子，他们脾气暴躁、易怒，一言不合就哭闹不止，不达目的誓不罢休。困难型气质便是儿童层面的一个风险因素，这类儿童更可能发展出抑郁、焦虑和外化问题。

风险还可以是个体所浸润的成长环境层面的因素。例如，母亲产后抑郁就是一个环境层面的风险因素，与多种儿童、青少年发展障碍有千丝万缕的联系。除了母亲抑郁之外，与发展障碍相关的其他环境层面的风险因素还包括父母婚内冲突、离异、贫困、家庭成员的离世和以专制、敌意、粗暴为特点的负面教养方式等。

不过，儿童、青少年对环境的感受性也存在明显的个体差异。心理学家贝尔斯基（Jay Belsky）教授在自己提出的"差异感受性理论"（differential susceptibility）中特地强调了这一点。他认为，每个儿童对环境的感受是有差异的（如图 2-3 所示）。具体地说，有些儿童对周遭环境的感受性差，不太容易受环境的影响，或者说受环境的影响较小。但也有一些儿童对环境较为敏感，这表现为在消极的成长环境中，他们大概率会产生适应不良等问题；而在积极的成长环境中，他们也更可能吸收环境中的养分，茁壮成长。

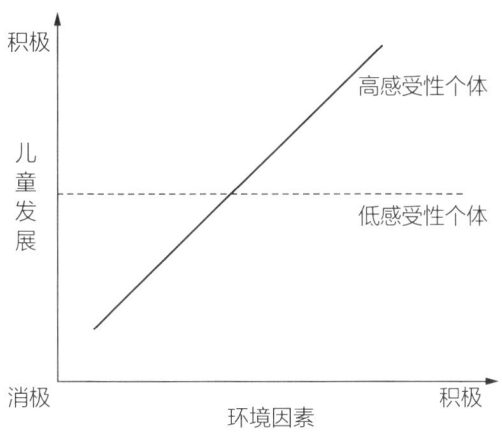

图 2-3　差异感受性理论

生理因素（如基因）、个性与气质是决定个体环境感受性的两个重要因素。回到发展障碍的语境中，研究者通常会把个体容易受到环境影响称为个体的"易感性"（vulnerability）。同样处在逆境，高易感性的儿童、青少年更可能被荼毒，是产生发展障碍的高危人群；而低易感性的个体相对来说不太容易受到影响。

除了风险之外，研究者对于心理弹性也非常着迷。卢萨（Suniyar S. Luthar）提出，心理弹性是成长于逆境中的儿童能够克服困境，保持积极乐观，从而实现健康、良性发展的一种可贵的能力。较高的心理弹性是儿童发展中一个难能可贵的保护因素，这就好比为儿童套上了一个隐形的保护罩，让他们能抵御风吹雨打，经霜不凋。

哪些儿童具有较高的心理弹性呢？维纳（Emmy E. Werner）等人归纳了以下三种类型。

第一种儿童：以结果为导向的儿童。即便有风险因素存在，他们也能够克服困难，身心健康地成长，免受发展障碍的困扰。

第二种儿童：以能力为导向的儿童。高心理弹性可以通过儿童、青少年的抗压能力得以体现。即便"压力山大"，他们也能不紧张、不焦虑，从容不迫地应对。

第三种儿童：在经历创伤性事件后，能够较快地实现自我调适和疗愈的儿童。他们能驱散创伤的阴霾，恢复平日的生机。

保护因素：什么在保护孩子？

保护因素就像一个看不见、摸不着的保护罩，能为置身其中的儿童提供屏障，抵御风险；与此相反，易感因素就像特洛伊木马，让儿童更可能受到危险因素的侵害。

保护因素的具体形式纷繁复杂，根据它的来源，研究者归纳出三种类型的因素。

第二章 核心议题：理解发展障碍的密码

第一，自身因素。举例来说，我们在上一节提到的心理弹性就是源于儿童自身的一个保护因素。很多实证研究发现，心理弹性较高的个体不容易受到消极环境的影响，产生适应问题。相反，心理弹性较低的个体相对容易在消极环境的影响下产生林林总总的发展问题。除了心理弹性，随和的气质也是儿童自身的一个保护因素。具有随和气质的儿童通常脾气温顺、与人为善、较好相处，这类"宝藏"儿童往往具有较好的人际关系和社会支持。较好的沟通与问题解决能力、高智商、高自尊、高自我效能感等因素也是常见的个体自身的保护因素。

第二，家庭因素。除了个体自身因素外，还有一些保护因素源于家庭。例如，在母亲抑郁的背景下，儿童不太可能和母亲建立积极、互惠的亲子关系。如果他可以转而和家庭中的其他成员（如父亲、祖父母等）建立积极的亲子关系，作为代偿机制，他就可以从这些关系中获得滋养。在这个例子中，与其他家庭成员的亲子关系就是一个重要的家庭层面的保护因素，能让儿童更有勇气和力量免受母亲抑郁的消极影响。的确有研究发现，当母亲出现抑郁情绪时，父亲在育儿中的积极参与能降低儿童形成发展障碍的可能性。

第三，外部因素。第三类保护因素源于家庭外，如良好的师生关系、同伴关系也是重要的保护因素。以师生关系为例，良师能为儿童、青少年提供积极的榜样，其言传身教是儿童、青少年认知发展和技能习得的重要途径。积极的师生关系还能为他们提供重要的社会支持和情感支持，在一定程度上降低环境危险因素的侵害。同样，积极的同伴关系对青少年的意义也不可小觑。青少年群体对同伴关系的重视和依赖使得同伴的影响力甚至超过了父母的影响力。不难理解，积极的同伴关系会因而成为青少年社会支持的重要来源，也成为一个重要的家庭外保护因素。

与其他学科一样，发展障碍研究有一套自己的"密码"。了解发展障碍的核心议题，就是破解发展障碍研究密码的关键。当心理学家说起发展的持续性和变异性、心理弹性、保护因素、易感因素等"高大上"的词语时，他们在说些什么？读到这里，下次面对这些概念时，你就不会感到晕头转向、云里雾里了。这些核心议题就像积木一样，一块块地拼搭出发展障碍的轮廓。

第三章
心理学家眼中的发展障碍

盲人摸象：争论不休的发展障碍定义

从前有个国王，让人牵来了一头大象。他让几个盲人去摸象，并告诉他大象是什么样子的。有的人摸到了长长的象牙，就说大象长的像萝卜；有的人摸到了大象粗糙的皮肤，就说大象长的像石头；有的人摸到了大象又细又长的尾巴，就说大象长的像绳子；还有的人摸到了又粗又壮的象腿，就说大象长的像柱子……

这个我们耳熟能详的成语故事为发展障碍的定义困境提供了绝妙的注解。在发展障碍这个"庞然大物"面前，我们谁能有信心说自己不是一个"盲人"？谁能说窥见了它的全貌？

什么是发展障碍？如果你期望在这里得到一个关于发展障碍的明确定义，恐怕就要失望了。心理学家一直在为此努力，然而，迄今为止，对于如何定义发展障碍，仍存在争议和讨论。

虽然心理学家在如何定义发展障碍的问题上争论不休，但考虑到现实生活中的应用，他们会选择权威机构出版的标准化诊断手册来作出诊断。目前，国际上最权威的标准化诊断手册有两个版本。

一个是由美国精神医学学会出版的《精神障碍诊断与统计手册》。该手册已经更新到第五版，最新版本（DSM-5）在2013年出版。

另一个则是由世界卫生组织（World Health Organization）组织编写的《国际疾病分类系统》(*International Classification of Diseases*，ICD）。这个系统的覆盖面较广，除了精神障碍，还涉及人类的身体疾病。随着相关知识的累积，它也不断地更新与迭代，目前最新的版本是 2019 年更新的第 11 版（ICD-11）。虽然 DSM-5 和 ICD-11 为精神障碍的诊断提供了简明扼要的信息，但需要指出的是，也有研究者认为这种一刀切的方法过于武断，不适宜用来解读儿童、青少年发展障碍。即便如此，这两个手册，特别是 DSM-5，是盛行的权威诊断手册，被广泛用来作为儿童、青少年发展障碍的诊断标准。

在定义儿童、青少年发展障碍的纷扰中，研究者的争议大致围绕以下四个关键问题展开。

第一个问题：儿童、青少年发展障碍能否被视作儿童、青少年在糟糕的人际关系、生活逆境等因素的单独或多重作用下出现的内部机制的失调（如脑功能障碍、心理障碍等）？

第二个问题：如何区分正常与障碍？这其实是一系列问题：它们有本质的差别吗？或者说它们只是同一维度上功能的连续变化，仅仅反映了量的差别？如果是后者，如何看待尚未达到阈值的非正常功能？又或者说障碍也许反映了正常功能发育迟缓，而非欠缺？

第三个问题：发展障碍的具体症状是否千篇一律，不存在个体差异？还是说它在一定程度上会受到儿童、青少年的个性、气质的影响，因人而异？

第四个问题：从发展的持续性和变异性的角度来看，发展障碍应当被视作稳定不变的问题，还是会随着儿童、青少年的成长不断变化，处于动态调整之中的问题？不同年龄段、不同环境中的同一发展障碍是否会有差异化表现？

管中窥豹：从典型症状看发展障碍

虽然发展障碍的定义众说纷纭，但这并不妨碍人们在实际应用中用不同的方法来鉴别发展障碍，其中一种方法便是从单个症状入手。很多时候，人们往往将儿童、青少年的单个异常行为当作蛛丝马迹，对号入座，试图将其与发展障碍挂钩。

例如，在某次与幼儿园老师的座谈中，一位老师颇为热情地和我分享了她在日常教学中重视孩子心智健康的体会。她提到，班上的一个孩子在上课的时候总是安静不下来，就像上了发条。她觉得这个孩子可能患有多动症，建议父母尽快带孩子去检查。这位老师颇为自豪地将自己的"火眼金睛"归功于她受过的专业训练，尽管这个孩子最后没有确诊为多动症。

在这个例子中，老师对号入座的行为其实是我们大多数人面对孩子的异常行为时的第一反应。我们习惯于为每个异常的行为和现象贴上标签：上课小动作多就是多动症，注意力不集中就是注意缺陷，不愿意与他人交流就是自闭症，等等。可是，单个典型症状真的意味着发展障碍吗？答案是否定的。

事实上，在大部分情况下，这些单独的、偶尔发生的异常行为并没有太多的指向性，也没有必要深究。就像电脑偶尔会出一些小意外，儿童作为活生生的人，也免不了偶尔会有起伏。与单个症状相比，当多个症状叠加并且持续、高频出现等条件同时出现时，才值得我们警惕。

我们再来看一组语句：伤心或抑郁、不合作、紧张、自我怀疑、在学校不听话、容易分心、撒谎、做事半途而废、和同伴关系不和睦。在看到这一组语句的时候,你的脑海里浮现了什么?如果我说这组语句是儿童、青少年的内化、外化问题的部分行为指标,你会不会觉得很意外?

其实,单就每个语句来说,它描述的状态并不极端,甚至可以说极为常见。我们身边的绝大部分儿童、青少年或多或少会在某个阶段出现其中部分行为或状态。这组语句摘选自《儿童、青少年行为量表》(Child Behavior Check list,CBCL),这个量表被广泛用来检测儿童、青少年的内化、外化问题,通常由父母或老师填写。尽管上述单个问题并不起眼,却都是体现儿童内化、外化问题的典型行为。

当然,这并不意味着所有存在内化、外化问题的儿童与青少年都会同等程度表现出这些典型症状。恰恰相反,典型症状都是"私人定制"的。以内化问题为例,有些儿童可能有很强的焦虑,而在社交退缩、睡眠等方面保持正常;有些儿童则可能仅仅在社交退缩方面有异于常人的表现。这也就不难理解,每当研究者试图提取发展障碍的单个典型症状,用它来区别正常儿童和发展障碍儿童时,为什么总是与预期结果背道而驰。

总之,单个症状,不管它有多典型,都不能胜任区分正常儿童和发展障碍儿童的任务。

祸不单行:从症候群看发展障碍

既然我们不能以单个症状作为辨别发展障碍的依据,是不是可以用症候群来甄别呢？要解答这个问题，让我们先来看一个例子。在儿童、青少年发展障碍中，内化、外化问题得到了较多的关注。外化问题（externalizing problems）是一类外向型、缺乏自我控制的行为问题；与之相反，内化问题（internalizing problems）是一类内向型、过度自我控制的行为问题。从学前期开始，这两类看似风马牛不相及的行为问题就会在很多儿童、青少年身上以并发的形式出现。

如图 3-1 所示，在一个针对小学生的纵向追踪研究中，耶鲁大学儿童研究中心的维尔纳（Cynthia J. Willner）教授及其同事综合多次的数据发现，有将近一半（48%）的儿童呈现并发型内化和外化问题，而仅仅有一小部分儿童呈现单独的内化（21%）或外化（22%）问题。虽然这个研究基于美国低收入家庭的孩子，这些孩子被顺理成章地认为是行为问题的高危人群，但检出率之高依然令人触目惊心，发人深省。

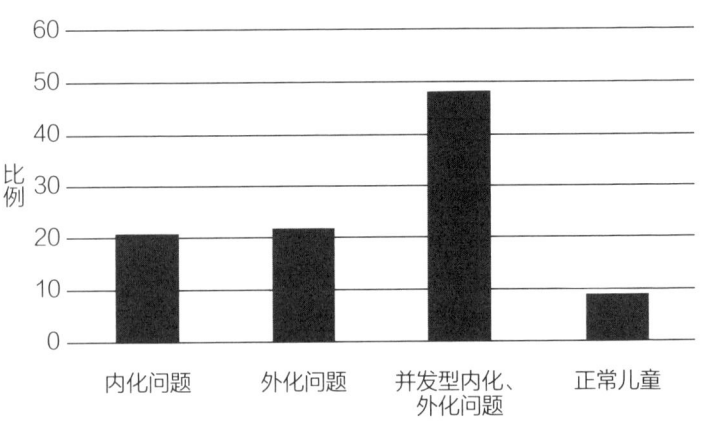

图 3-1 内化、外化问题在小学生群体中的检出率

研究者进一步探究了内化、外化问题是如何并发的。一方面，两者的程度有关联。如果一个儿童在初期有较多的内化问题，他的外化问题可能同样较多。另一方面，两者的变化也有关联。在某个时间段内，如果儿童的内化问题较快增多，他的外化问题很可能也会较快增多。

并发型障碍的定性也是困扰研究者的一个难题。以并发型内化、外化问题为例，它仅仅是内化、外化这两种问题在发病时间上的重合，还是代表了一类与单独的内化、外化问题截然不同的新型障碍？已有的证据都支持这样一种观点：儿童出现并发型内化、外化问题，对他们的后续发展会有更严重的危害。

并发现象不仅仅在内化、外化问题上发生，研究者在儿童、青少年的多种发展障碍中都观察到这种现象。举例来说，自闭症谱系的儿童大多会并发一种或多种其他障碍，包括焦虑障碍、抑郁障碍和注意缺陷/多动障碍；大多数患有创伤后应激障碍的个体也会并发至少一种其他障碍，最常见的包括抑郁障碍、焦虑障碍、双相障碍和物质使用障碍等。

并发现象的广泛存在为发展障碍的诊断进一步设置障碍。症候群可能并不指向单一的发展障碍，而是指向多种看似迥然不同的障碍。这就需要我们减少预设，避免自上而下的思维模式，不要仅仅留心可以印证我们猜想的症状，而对其他症状视而不见。

如果我们在脑海中预设了某个孩子可能患有注意缺陷/多动障碍，在往后的日子中，我们就可能格外注意他表现出来的与其相关的异常行为，其他正常的行为反而会被忽略。这些异常行为的叠加会一步步强化、巩固我们的预设，让注意缺陷/多动障碍的诊断在脑海中渐渐从无到有、从弱到强。我们为什么会格外关注与我们的预设一致的信息呢？心理学家把这种现象叫作"选择性关注"。也就是说，大脑会对我们感兴趣或关注的现象、信息给予特别关照，确保我们能看到并感知到它们。对于我们兴趣寥寥又漠不关心的信息，大脑则会选择自动忽略，视而不见，充耳不闻。这种选择性关注的认知加工模式很好地解释了上述例子。

所以，从症候群的角度看待发展障碍，需要我们采用以症状为导向的自下而上的思维模式，来帮助我们看得更清晰，得出更接近事实的推论。

分门别类：从类型看发展障碍

在本章的开头，我们提到很多研究者、精神科医生会以DSM-5作为甄别、诊断不同类型发展障碍的标准。可以说，DSM-5为分辨发展障碍的类型提供了依据和操作指南。这本手册虽然重点关注成人精神障碍，但也有一部分篇幅围绕儿童、青少年发展障碍展开。不过，它没有穷尽所有的儿童、青少年障碍。

在表3-1中，我罗列了DSM-5中提及的部分儿童、青少年常见的发展障碍，包括抑郁障碍、焦虑障碍、双相障碍、创伤及应激障碍、破坏性和品行障碍、精神分裂、强迫障碍和进食障碍等。在这些发展障碍大类下，又进一步细分了更详细的种类。举例来说，我们耳熟能详的抑郁障碍（大众常称为"抑郁症"）其实

第三章 心理学家眼中的发展障碍

是一个发展障碍的大类,它包括了破坏性心境失调障碍、重性抑郁障碍和持续性抑郁障碍等具体类别。以上三种障碍虽然同属抑郁障碍的大类,但在持续时间、发病人群、具体症状等方面都各具特点。DSM-5不仅对精神障碍进行了细致的分类,还对每一类障碍从具体表征、风险因素和治疗方案这三方面进行了描述。其描述较为简明,具有较高的操作性,可作为相关障碍的快速诊断手册。

表3-1 DSM-5中儿童、青少年发展障碍列表(选编)

发展障碍大类	具体种类及名称
抑郁障碍	破坏性心境失调障碍(disruptive mood dysregulation disorder) 重性抑郁障碍(major depression disorder) 持续性抑郁障碍(persistent depressive disorder)
焦虑障碍	分离焦虑障碍(separation anxiety disorder) 特定恐怖症(specific phobia) 社交焦虑障碍(social anxiety disorder) 惊恐障碍(panic disorder) 场所恐怖症(agoraphobia) 选择性缄默(selective mutism)
双相障碍	双相Ⅰ型障碍(bipolar Ⅰ disorder) 双相Ⅱ型障碍(bipolar Ⅱ disorder) 环性心境障碍(cyclothymic disorder)
神经发育障碍	自闭症谱系障碍(autism spectrum disorder) 注意缺陷/多动障碍(attention-deficit/hyperactivity disorder) 交流障碍(communication disorder) 智力障碍(intellectual disabilities) 特定学习障碍(specific learning disorder) 运动障碍(motor disorder)

续表

发展障碍大类	具体种类及名称
创伤及应激障碍	反应性依恋障碍（reactive attachment disorder） 脱抑制性社会参与障碍（disinhibitedsocial engagement disorder） 创伤后应激障碍（posttraumatic stress disorder） 急性应激障碍（acute stress disorder） 适应障碍（adjustment disorder）
精神分裂	分裂情感性障碍（schizoaffective disorder） 分裂人格性障碍（schizotypal personality disorder） 妄想障碍（delusional disorder） 短暂精神病性障碍（brief psychotic disorder） 精神分裂症（schizophrenia）
破坏性和品行障碍	对立违抗障碍（oppositional defiant disorder） 间歇性暴怒障碍（intermittent explosive disorder） 反社会型人格障碍（antisocial personality disorder）
强迫障碍	强迫症（obsessive-compulsive disorder） 躯体变形障碍（body dysmorphic disorder） 囤积障碍（hoarding disorder） 拔毛癖（trichotillomania） 皮肤搔抓障碍（excoriation disorder）
进食障碍	神经性厌食症（anorexia nervosa） 暴食症（bulimia nervosa） 异食症（pica） 反刍障碍（rumination disorder） 回避性/限制性摄食障碍（avoidant/restrictive food intake disorder）

追根溯源：从发展精神病理学看发展障碍

上述三种看待发展障碍的角度各具特色。横看成岭侧成峰，它们能从不同的角度为发展障碍描绘剪影。

然而，我们不仅仅满足于这些，还有很多扑朔迷离的问题亟待解答：我们需要明确各种发展障碍的心理、病理机制是什么，或者说发展障碍是如何产生的；我们需要了解发展障碍在儿童、青少年身上如何发展与变化，它们一旦萌芽与成型，会不会从此稳定存在，会持续多久；我们需要知道发展障碍会对儿童、青少年的哪些正常功能造成损害，以及如何造成损害；我们还想知道儿童、青少年的气质、成长环境会不会影响发展障碍，以及这些影响是怎么发生的……在弄清"是什么"之后，一系列试图回答"为什么"和"怎么样"的研究能让我们对发展障碍的理解突飞猛进。而这些研究的答案，正是发展精神病理学所探寻的真相。

与其说发展精神病理学是一种理论，不如说它是多种理论的集合。它采百家之长，融合了心理学诸多经典理论，如依恋理论、家庭系统理论、生态理论、行为理论、社会学习理论等，我们都能在发展精神病理学中窥见它们的影子。

发展障碍的研究如此广博，是因为它本身较为复杂，要厘清来龙去脉并不是一件容易的事情。发展障碍种类繁多，具体表现五花八门，还会随着儿童、青少年的成长幻化成不同的形态。在现实生活中，发展障碍的萌发也往往不是受单一因素的影响，而是被多种因素联合驱动。发展障碍还会渗透到儿童、青少年成长的方方面面，在不同程度上损害他们在认知、行为、情绪、人际交往等方面的正常功能。

鉴于发展障碍的复杂性，我们可以想象，如果某个单一理论能帮助我们解读这一切，这个理论该有多庞大，多不可思议。目之所及，没有一个单一的理论能够挑起这个重任。所以，发展精神病理学纳入了多种理论，这些理论各有一技之长，它们都为发展障碍研究贡献了独特的视角和思路。

接下来，就让我们快速了解一下，发展精神病理学如何兼收并蓄，或者说，这些独具特色、各具主张的理论流派是如何有机地融入发展障碍这一研究领域，成为发展障碍研究中不可或缺的理论工具的。我们会具体关注四个方向的理论。

依恋理论：以爱之名

"幸运的人一生都被童年治愈，而不幸的人一生都在治愈童年。"这是奥地利精神病学家阿德勒（Alfred Adler）的名言，相信很多人都有所耳闻，它完美地诠释了依恋理论的终极要义。

在发展障碍的研究中，依恋理论有广泛的应用。其独特贡献在于强调了婴儿期的亲子关系，特别是婴幼儿与主要照顾者的依恋关系，对儿童发展的重要、深远的影响。这里的主要照顾者可以是母亲，也可以是父亲，甚至可以是祖父母等。高质量的早期亲子关系会让儿童受益终身；而低质量的亲子关系会像多米诺骨牌一样，牵一发而动全身，引发一系列后续的发展问题。

如何形成高质量的亲子关系呢？依恋理论认为，父母对婴幼儿无微不至的关怀和及时、敏感的反应是决定亲子关系质量的关键。例如在婴儿啼哭的时候，敏感型父母能在第一时间给予关注，正确解读让婴儿不适的原因，并有针对性地提供帮助。

依恋关系的质量对儿童有全方位的塑造作用，从儿童的想法、行为表现、情绪表现到大脑功能，都会受到不同程度的影响。我们可以举个例子，在依恋关系的经典研究范式"陌生情境"中，有一个这样的场景：母亲和婴儿一起待在一个陌生的房间中，过了一会儿，母亲离开，留下婴儿一个人。婴儿在发现母亲离开房间以及稍后母亲返回房间时，会有怎样的表现呢？

研究者发现，婴儿的反应其实有规律可循，并且和亲子关系质量息息相关。拥有高质量依恋关系的儿童，在看见母亲返回房间后会第一时间投入母亲的怀抱，寻求母亲的安抚。母亲的抚慰非常有效，他们很快就能忘记这个小插曲，重新愉快地玩耍。而拥有低质量依恋关系的儿童，有的会哭哭啼啼地黏着母亲，不肯离开，生怕母亲再次不告而别；有的会策略性地忽略母亲，尽管心里很在乎，表面上却故作潇洒。以上列举的不同反应模式就体现了依恋关系的塑造作用，婴幼儿通过依恋关系形成的内部工作模型，恰恰是产生以上种种不同行为反应的内在原因。

发展精神病理学引入依恋理论来解释早期糟糕的亲子关系对后续儿童、青少年发展障碍的影响，从亲子关系的层面给出了回答。

认知理论：孩子在思考什么？

发展精神病理学还引入一系列认知理论来强调认知加工对儿童、青少年发展障碍的影响。这里提及的认知加工是一个内涵丰富的概念，包括我们常说的注意力、记忆力、学习、问题解决以及决策等多个领域的认知能力。在名目繁多的认知理论中，一些理论和儿童认知加工的关系尤为密切，也因此在发展精神病理学中得到了较多关注，例如信息加工理论（information processing approach）和认知行为理论（cognitive-behavioral approach）等。

让我们先想象这样一个场景：一个孩子走在操场上，突然，一个足球从天而降，重重地砸在他的背上，他特别疼。他被球撞倒后没有站稳,一个趔趄摔倒在地,周围隐隐传来同伴的嬉笑声。此时,被足球砸中的孩子会怎么想?例如,他会关注周围的哪些信息?要是他留意到嬉笑声,是否会认为这是同伴在嘲笑他?他会认为这是别人故意把球砸在他身上,欺负他,还是会认为这只是无心之失,纯属意外?……

儿童、青少年在不同情境中的认知加工,或者说想法,就是信息加工理论试图解开的谜团。具体地说,信息加工理论从计算机的运行模式上获得灵感,认为人脑的运作也会遵循相似的系统化流程。

在上述例子中,儿童的认知加工会包括多个步骤:关注线索、线索解码、目标澄清、策略构建、行为决策、行为实施(如图3-2所示)。让我们结合这个例子简要了解儿童在社会情境中的信息加工流程。

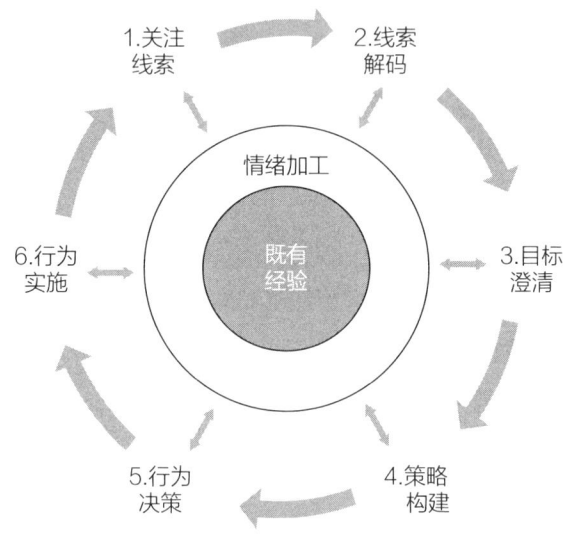

图3-2 信息加工理论

第三章 心理学家眼中的发展障碍

首先,他会快速扫描周围大量的环境信息,有选择地优先关注最重要的信息。至于什么样的信息能在这一轮胜出,获得优先权,取决于其既有经验。其次,他需要解读收集到的信息。例如,同伴的笑声是否和他有关?笑声的含义是什么?这个球是不是别人欺负他而故意砸过来的?再次,他需要明白自己的目标,酝酿自己该怎么做,以及衡量每种可能的行为策略的优点和缺点。例如,他通过之前的步骤,认定这个球就是别人的恶作剧。根据既有经验,他会生成两个可供选择的行为策略:要么奋起反抗,要么忍气吞声。前者虽然解气,却可能被老师抓个正着,被老师、家长数落;后者虽然会让自己忿忿不平,却能息事宁人,忍一时风平浪静,不至于惹出更大的麻烦。可以说,两个行为策略各有利弊。最后,他需要在备选的多种行为策略中博弈,选择一个最优方案,并付诸实施。究竟哪个行为策略最后能够胜出,是奋起反抗还是忍气吞声?这不仅取决于备选行为策略的利弊的博弈,还会受到一系列其他因素的影响,如之前的经验、对自己能力的评估等。即便他想奋起反抗,若是觉得自己一定不是别人的对手,没有足够的能力去反抗,也只能被迫选择忍气吞声。

在发展障碍的研究中,信息加工理论得到了较多的支持。例如,研究发现,在信息尚不明确的情况下,有外化问题的儿童、青少年更可能先入为主地作出不利于同伴的负面归因,认为同伴是不友好的、有敌意的;他们还可能在策略构建与行为决策阶段,更偏好攻击性的行为策略并付诸实施。还有研究发现,患有焦虑障碍的儿童、青少年更可能在线索的收集阶段优先关注负面信息,如他人生气的表情和语气等。

信息加工理论的模型在发展障碍的研究中被用来关注患有发展障碍的儿童、青少年的基本认知能力（如注意力、记忆力等）是否缺损，检验他们加工信息的各个步骤是否有偏差，如对某些特定线索的关注、对某一类行为的偏好等。它还被用来探索认知加工模式的缺损和偏差会不会进一步强化已经形成的发展障碍，以及针对认知加工模式的干预能否改善发展障碍。心理学家道奇（Kenneth A. Dodge）教授和高德文（Jennifer Godwin）教授进行了一个针对有外化问题的高危学前儿童的干预研究。他们的干预从社会信息加工的三个点入手，包括降低儿童对同伴行为的敌意解读（敌意归因），丰富儿童的行为策略，以及弱化儿童对攻击性策略的偏好。接受干预后，这些儿童的外化问题明显改善。这个可喜的研究结果为信息加工理论在改善发展障碍方面的实践应用提供了初步的依据，也指明了新的方向。

基于信息加工理论的研究让我们从认知的角度，窥见了患有发展障碍的儿童、青少年独特的内心世界。

情绪理论：情绪的力量

情绪体验是人类与生俱来的天赋，然而，调节和主动控制情绪体验的能力，也就是心理学家所说的"情绪调节能力"，却需要后天的学习和培养才能获得。

情绪调节能力的习得并不总是一帆风顺，也不是所有儿童、青少年都能掌握良好的情绪调节能力，做自己情绪的主人。那些因为没有得到自己想要的玩具而号啕大哭的孩子，被同伴欺凌却敢怒不敢言的儿童，因为考试失利而自责不已的青少年，都面临一个共同的任务，那就是在负面情绪如潮水般疯狂涌来时，有效地调节自己的情绪，让自己不被负面情绪的大潮吞没、裹挟。

顾名思义，情绪理论关注情绪，试图将情绪作为切入点，解读儿童、青少年发展障碍。具体地说，情绪理论从儿童、青少年的情绪体验、情绪表达和情绪调节入手，认为这三个部分会对他们的思想、行为、社会互动乃至社会关系的质量产生影响。

例如，孩子在超市看见了巴斯光年，很想买。在被父母拒绝后，他可能会体验到伤心、失望、不满等负面情绪。在这些负面情绪的驱使下，他可能会选择用号哭这种激烈的方式来表达情绪。但他不能一直号哭，还是需要通过情绪调节来舒缓负面情绪。他会想到家里已经有类似玩具了，即便没有这个新玩具，也没什么大不了的。可见，情绪体验、情绪表达和情绪调节分别代表了情绪的三个既独立又相辅相成、不可或缺的部分。

情绪的这三个部分在发展障碍的研究中都受到关注，尤其是情绪调节。相关研究表明，与正常的儿童相比，患有发展障碍的儿童、青少年的情绪调节能力较差，功能缺损。这就意味着，他们无法有效地调节负面情绪。在负面情绪的"洪荒之力"面前，他们会手足无措、不堪一击，轻易地被其俘虏，沉溺其中。

情绪理论认为，儿童、青少年会出现发展障碍可能源自他们情绪层面的功能缺损。具体地说，也许是他们的情绪如脱缰野马般难以驯服；也许是他们的认知加工偏差导致负面情绪汹涌澎湃，情绪调节机制又节节败退；也许是过于猛烈的情绪体验导致认知加工全盘崩溃；也许是在自我的情绪表露、对他人情绪的理解和解读上出现了失误，不一而足。

基因/神经生物学理论：发展障碍的生理基础

与依恋理论、认知理论、情绪理论不同，基因/神经生物学理论试图从一个更微观的角度来解释儿童、青少年发展障碍的生理机制与神经机制。换句话说，该理论认为，儿童、青少年发展障碍有其内在的生理基础。这就好比一座危楼，它的内部结构出现了问题，不足以支撑正常的功能。相关研究发现，部分儿童、青少年发展障碍（注意缺陷/多动障碍、自闭症、青少年抑郁障碍、双相障碍和强迫症等）具有一定遗传性，可以从基因的角度预测。

近年来，神经影像学的发展让我们能够窥探大脑内部的奥妙，发现诸多发展障碍都和大脑特定区域的结构、功能以及联结等方面的异常相关联。例如，雷德利希（Ronny Redlich）和同事发现，在看到负面情绪（如伤心）面孔时，患有抑郁障碍的青少年的大脑的杏仁核区域出现异常激活，而在看到正面情绪（如开心）面孔时，他们的杏仁核区域却过于平静，激活水平过低。杏仁核的异常激活模式也因此与抑郁障碍挂上了钩。

不过，虽然神经影像学的研究能帮助我们辨析、指认与发展障碍有关联的脑区，但其局限性也很明显：为什么某一特定脑区与某种发展障碍相关联？为什么针对男孩和女孩或者不同年龄段的儿童、青少年的研究会得出不一致的结论？特定脑区和发展障碍的关联究竟在什么时间点出现？我们应该把它当作儿童、青少年发展障碍的前因还是后果？另外，这类研究通常会发现多种发展障碍不约而同地指向相同或相似的脑区，这就使进一步的辨析和对应困难重重，我们也无从得知特定脑区在多大程度上会对某种发展障碍有独一无二的影响。

除了神经影像学，基因也在近年来成为发展障碍研究者关注的主题。基因是染色体中一段携带遗传信息的脱氧核糖核酸（deoxyribonucleic acid，DNA）序列，负责为构建蛋白质提供指导与说明。厘清生理层面的基因和环境层面的成长环境对发展障碍的影响，是研究者面临的一个挑战。如果儿童患有抑郁障碍，基因的独特贡献有多少，消极的成长环境的独特贡献有多少，基因和环境的共同贡献又有多少，要想弄清楚这些问题，研究者就得在研究设计上下一番功夫，招募特殊的人群（如双胞胎）参与研究。双胞胎的独特性在于，他们在基因和成长环境上都有同有异，可以帮助研究者更深入地了解基因和成长环境对发展障碍的独特作用。

也许有人会有疑问，双胞胎明明在同一个家庭成长，有相同的父母和家庭环境，为什么会有不一样的成长环境呢？这是因为，即便是双胞胎，他们的脾气、秉性、气质也可能千差万别，而他们的这些特点会对他们和父母的互动甚至亲子关系产生影响。双胞胎中一个可能乖巧可人，另一个也许脾气暴躁，父母就可能会严厉对待不太听话的孩子，和风细雨地对待乖巧的孩子，不同的亲子互动模式和情绪氛围就在无形中形成双胞胎成长环境的差异。

不过，基于双胞胎的研究也有局限性。例如，和一个外形相仿、年龄相近的兄弟姐妹一起长大，是一段特殊的经历。双胞胎之间通常会发展出情感上的依存性，相互支持与相互竞争并行不悖。这种微妙的关系使得双胞胎的关系有别于一般的兄弟姐妹，别具特色。也正由于双胞胎关系的微妙性和特殊性，基于双胞胎的研究结果是否具有普适性，能否推广到非双胞胎的儿童、青少年群体，也需要打个大大的问号。

还有一些研究会选择收养家庭作为研究对象。与双胞胎不同，收养的孩子在基因上和亲生父母有关联，在成长环境上则受养父母的影响。正因为如此，基于收养家庭的研究具有得天独厚的优势，它们能很好地区分先天因素（基因）和后天因素（成长环境）对儿童、青少年发展障碍的影响。具体地说，如果发展障碍根源于先天因素，这些被收养的孩子就与亲生父母相似；反之，如果发展障碍根源于后天因素，他们就会与养父母相似。

基于收养家庭的研究设计虽然听起来很美好，但在具体操作上困难重重。例如，收集这些被收养孩子的亲生父母的信息就不太容易。很多亲生父母主动选择放弃自己的孩子，从此人间"蒸发"，在孩子的生命中销声匿迹。多少被收养的孩子试图寻亲，却一无所获。即便能幸运地找到孩子的亲生父母，并说服他们参与研究，其他因素也会对研究结果产生干扰，如孩子被收养的年龄和被收养前的经历就是很常见的干扰因素。在实际操作中，这些因素往往千差万别，研究者很难确定，孩子被收养的年龄、被收养前与亲生父母的关系或在收养机构的早期经历在孩子的成长中会扮演怎样的角色。

以上我们讨论的基于双胞胎和收养家庭的研究有一个共同点：它们都是为了弄清楚，在儿童、青少年发展障碍的形成中，先天因素和后天因素孰轻孰重。几十年来，研究者各执一词，争论不休。不过，近年来，大家逐渐达成共识：这一问题可以是一道多选题。先天因素和后天因素就像一个硬币的两面，相辅相成，缺一不可，基因和环境的交互研究（G×E）便应运而生。基因固然重要，但基因表达在很大程度上取决于环境因素。例如，某个儿童可能在基因层面上是发展障碍的易感人群，但如果他有幸成长在积极、温暖的家庭中，远离危机因素，他患有发展障碍的风险便会很低。换句话说，易感是一个概率学的概念。患有或不患有发展障碍，就像一个天平的两端。在儿童成长的过程中，天平会随着基因和环境的博弈保持动态的平衡。如果儿童在基因和环境上都处于劣势，天平就会向发展障碍一端倾斜。相反，如果儿童在基因和环境上都处于优势，天平便会稳稳地停在正常功能一端。

第四章

发展障碍的后天因素：
环境的影响有多大？

在影响发展障碍的因素中，先天因素和后天因素孰轻孰重之争，一直是研究者喜闻乐见的话题，大致可以分为三个旗帜鲜明的阵营：一个阵营支持后天因素的重要性；一个阵营支持先天因素的先入为主；还有一个阵营支持两者相互协作、相辅相成的作用。

我们先来看看后天因素，聊一聊哪些环境因素会催生儿童、青少年发展障碍。我们会首先关注与儿童、青少年有最直接、最密切关系的家庭环境和学校环境，了解父母、同伴以及校园欺凌各自在发展障碍的形成中扮演怎样的角色。我们还会关注生活中的压力事件，看看突如其来的变故如何在儿童、青少年的生活中掀起轩然大波，对他们产生什么样的影响。

家庭环境：亲子、婚姻、同胞

对儿童、青少年而言，家庭环境毋庸置疑是最直接、最重要的成长环境。这一悠久的认识几乎从未遭遇挑战，这使得多年来研究者从未将双眼从家庭环境上挪开。从家庭经济水平、父母受教育程度到父母的养育方式、亲子关系、情绪氛围等，无数研究围绕家庭层面的诸多因素展开，抽丝剥茧般试图厘清家庭环境和儿童、青少年发展间千丝万缕的联系。

在第一章的研究回溯中，我们提到，历史上的研究者曾提出，患病的可能不是儿童本人，而是其所在的家庭系统。换句话说，患有发展障碍的儿童本身或许没有太大问题，只是被功能失调的家庭系统连累。这种想法诚然有些极端，却也真切地反映出研究者对家庭环境的重视。

第四章　发展障碍的后天因素：环境的影响有多大？

虽然发展障碍的缘起的确离不开成长环境，特别是家庭环境，但也与儿童的自身因素脱不了干系。归根结底，家庭环境仍然需要作用于儿童，引发儿童自身认知、情绪、行为、生理等身心层面的失调，"间接"地导致儿童发展障碍的出现和发展。

近年来，研究者对一个问题特别感兴趣：什么样的家庭环境是有害的，会催生儿童、青少年发展障碍？此类研究着眼于家庭环境的阴暗面，发现了一些与儿童、青少年发展障碍有密切关系的危机因素。例如，家庭中的攻击行为（如体罚、打人等）、冲突（如亲子冲突、父母婚姻内冲突和兄弟姐妹冲突等），以及冷漠、疏离的关系（如亲子关系、婚姻关系和兄弟姐妹关系等），都与儿童、青少年发展障碍密切相关。

找到这些危机因素之后，研究者进一步探索为什么这些危机因素会危害儿童、青少年，也就是说，其作用机制是什么？对于这个问题，目前依然有许多待填补的空白。接下来，我们会从亲子关系、父母婚姻关系和兄弟姐妹关系这三个家庭环境中最常见的人际关系入手，分别展开讨论。

亲子关系：温暖支持是硬道理

查阅以往的文献，我们会发现很多研究不约而同地采用单向思维，仅考察父母对儿童、青少年的影响。这些研究的言下之意是，父母在塑造亲子关系、亲子互动模式上起决定作用，儿童、青少年在其中的作用微乎其微。

在这些研究中，大部分研究会关注父母的教养方式。具体地说，它们会从敏感性/反应性和控制性这两个维度将父母的教养行为分成三个类型，包括温暖/支持型、行为控制型、心理控制型。温暖/支持型父母是理想型父母，他们会给孩子传达积极、正面的情绪，鼓励、支持孩子，对孩子的情感需求有求必应。行为控制型父母是严厉型父母，他们会给孩子制定细致的规则，在日常互动中严格监督孩子的行为，确保孩子不会违反规则。心理控制型是常常被忽视的一种类型。与行为控制型父母"明目张胆"的控制不同，心理控制型父母控制儿童的方式较为隐秘、内敛。他们会通过诱发孩子的内疚情绪，威胁孩子如果不乖乖听话就不再爱他等方式，摧毁孩子的心理防线，让孩子"心甘情愿"地臣服于父母的权威和指令。

毫无疑问，研究结果一边倒地肯定了温暖/支持型父母，指出行为控制型父母和心理控制型父母会造成各种危害。鲍勃（Brian K. Barber）的研究就发现，父母的心理控制会增加青少年产生抑郁等内化问题和忤逆等外化问题的风险；父母的行为控制会增加青少年产生外化问题的风险。用通俗的话来说，这个研究给我们的启示是，如果父母试图控制孩子，无论是采用雷霆万钧的方式还是采用威逼利诱的方式，都可能是以爱之名的伤害，导致孩子出现心理问题，到头来得不偿失。

除了行为控制和心理控制，研究者的视野还扩展到教养方式的其他方面，如父母在亲子互动中表现出的拒绝和敌意等。迈克里德（Bryce D. McLeod）等人的研究发现，父母在互动中表现出来的对孩子的拒绝和敌意是重创孩子的利刃。当父母拒绝孩子的情感需求，不作出回应时，孩子会体会到自尊心受挫和孤立无援感，这些正是抑郁情绪的先兆；当父母对孩子表现出敌意，孩子感受到的是与父母的对抗而不是脉脉温情，这会让孩子产生深深的挫败感和自我怀疑，更可能发展出负面的自我认知，同样为出现抑郁情绪埋下伏笔。

婚姻关系：父母和谐是主心骨

除了亲子关系，父母的婚姻关系也吸引了一些研究者的目光，这反映了研究者对当下社会现实的关注。在世界范围内，离婚率节节攀升，由此导致了家庭形式的多元化，单亲家庭、再婚家庭、同居家庭等不断增多，但多元化的家庭形式对儿童、青少年来说可不是一个好消息。

研究发现，离婚、单亲养育以及与异性建立新的亲密关系等，都会增加儿童适应不良的可能性；与其他同龄孩子相比，经历了父母婚姻关系破裂的孩子更可能出现学业困难、社交困难、抑郁与焦虑等情绪问题和忤逆等外化问题；孩子的年龄越小，受到的创伤越大。

这么说来，是不是父母为了孩子，争吵不断仍勉强凑合过日子，就对孩子的发展有利呢？答案同样是否定的。有很多研究证据支持这个结论，父母的婚姻内冲突，不管是你来我往的言语暴力还是拳脚相向的身体暴力，都会增加孩子罹患发展障碍的风险。这类儿童、青少年更可能产生一系列适应问题，如同伴交往困难、学业困难等。同时，他们更可能在身体健康上亮起红灯，出现失眠或其他疾病。

即使父母貌合神离，长期处于冷战的状态，孩子也能感受到。事实上，孩子对父母的情绪非常敏感。在一项最近的研究中，研究者发现，父母试图隐藏焦虑，孩子却能够准确感知父母的情绪，这反而增加孩子的心理负担。不管是你来我往的"热冲突"还是互不搭理的"冷暴力",父母婚姻中的矛盾孩子都明明白白地看在眼里。

父母的婚姻内冲突为什么会与儿童、青少年的发展障碍有关?这或许可以用两个原因来解释。

首先,当父母产生矛盾和冲突时,两人之间会充斥着大量的负面情绪和互动。这些负面情绪会不可避免地转移到父母和孩子的互动中,波及无辜的孩子,如父母更可能对孩子缺乏耐心、发脾气。这体现了家庭中父母和孩子相互依存的关系。

其次,不管父母之间的冲突和矛盾因谁而起,谁才是过错方,在孩子的心目中,父亲和母亲同样是他亲情所系的至爱。耳闻目睹最爱的两人产生不可调和的冲突,对孩子而言,无论是在情感上还是在认知上,都是无法承受之重。有些敏感的孩子目睹父母的冲突后,会形成消极的内在归因,认为自己是父母矛盾的根源,自己是罪魁祸首。此时,自责和内疚便会乘虚而入,主宰孩子的内心,继而催生情绪问题。例如,有研究表明,有自责倾向的儿童更可能抑郁。所以,研究者常常会把父母婚姻内的冲突视为儿童、青少年日常生活中的重要压力源。

父母的婚姻关系会切切实实地影响儿童、青少年的发展。父母和谐、积极的婚姻关系会为孩子提供安全感和情感支持,为孩子树立积极的榜样,让孩子体会到家庭的温馨与美好。相反,不管是充斥着矛盾与冲突的不健康的婚姻关系,还是父母婚姻关系破裂,都可能给孩子的身心健康造成重创,增加孩子罹患各类发展障碍的风险。

兄弟姐妹：良好关系是保护伞

与大量聚焦亲子关系、父母婚姻关系的研究相比，对兄弟姐妹关系的关注相对较少。但是，受家庭系统观的影响，越来越多的研究者开始将目光投向兄弟姐妹，探究这一人际关系在儿童、青少年发展障碍的形成中扮演的角色。

在美国，大约 80% 的儿童有兄弟姐妹。在中国，随着三胎政策的推行，多子女家庭也逐渐增多。据国家统计局的数据，2019 年全年出生人口为 1465 万，其中 57% 的新生人口是家中的二孩。可以预见，拥有兄弟姐妹的中国儿童正在变得越来越多，兄弟姐妹对儿童成长的影响势必成为中国儿童、青少年成长的一个重要课题。但是眼下，很少有国内研究者关注这一话题。我们已知的绝大多数这方面的知识都来源于西方研究者的努力。

为什么兄弟姐妹关系会对儿童发展产生影响？

首先，从现实的角度看，兄弟姐妹是儿童、青少年在成长阶段待在一起最久的人。特别是那些年龄相仿、兴趣相投的同性兄弟姐妹（例如哥哥和弟弟、姐姐和妹妹），一起互动的时间甚至会长于与父母互动的时间。不言而喻，兄弟姐妹间的互动会是儿童成长中一个不容忽视的因素。

其次，从家庭系统观的视角来看，兄弟姐妹关系构成了儿童家庭成长环境中不可或缺的一环。年幼的孩子更可能仰赖他们的哥哥、姐姐，学习哥哥、姐姐的言行举止，这成为他们的社会化进程中重要的塑造力量。

以往的研究可分为三类，主要从三个方面考察兄弟姐妹关系对儿童的影响。

第一类研究关注兄弟姐妹的出生顺序（如老大或老二）、性别组成（如同性或异性）、年龄差距和基因上的关联度（如同卵双胞胎或异卵双胞胎）。

具体地说，在出生顺序上，父母通常对老大寄予较高的期望，这表现为父母会对老大更严厉，也更难容忍老大的逾矩行为。

在性别组成上，异性的兄弟姐妹通常能够得到父母更多暗含性别偏见的区别对待。例如，有研究发现，姐弟组合中的弟弟通常比兄妹组合中的妹妹承担更少的家务。撇开年龄的考虑，与性别偏见相关的区别对待或许是解释这一现象的最合适说法了。

在年龄差距上，研究者也发现，在兄弟姐妹的年龄差距较小，即年纪相仿的情况下，兄弟姐妹更可能有共同语言，成为彼此的玩伴。这就使年幼的弟弟、妹妹更可能受哥哥、姐姐的影响，从他们那里学到待人接物的方法、看待世界的视角，以及成长路上的必备技能等。

在基因的关联度上，同卵双胞胎比异卵双胞胎的基因关联度更高。同卵双胞胎是由同一个受精卵分裂产生的，他们的遗传物质几乎一样。异卵双胞胎则是由两个不同的受精卵发育而成，从本质上讲，异卵双胞胎在基因的关联度上其实和一般的兄弟姐妹并没有实质差别。这两类双胞胎在基因层面的关联度也体现在他们的日常互动和关系中。例如，研究发现，与异卵双胞胎或普通的兄弟姐妹相比，同卵双胞胎关系更亲密，更愿意信任对方，极少形成敌意、对抗的不良关系。

第二类研究关注兄弟姐妹的互动。与我们的常识相悖，研究者惊奇地发现，兄弟姐妹在年龄和性别上的类同反而会促成他们的差异和分化，例如，他们更可能发展出不同的性格、气质、爱好等。父母对兄弟姐妹的区别对待也会引发问题。自认为被父母忽视或亏待的孩子，更可能发展出低自尊和较多的内化及外化问题。另外，兄弟姐妹的欺凌和敌对会增加儿童、青少年的攻击行为、反社会行为等外化问题，抑郁、焦虑等内化问题，以及低社交技能的风险。与之相反，和睦、融洽的关系使兄弟姐妹间的情感表达、想法沟通和情感支持得以实现，对儿童、青少年的发展起到积极的作用，能够提高他们在逆境中的耐受力，降低产生发展障碍的风险。

第三类研究则从整个家庭系统的角度切入。我们在之前提到，父母失败的婚姻关系会对儿童、青少年造成伤害。当纳入兄弟姐妹的关系这一因素后，研究者发现，一方面，父母糟糕的婚姻关系会影响兄弟姐妹的关系。在父母离婚或组建再婚家庭后，兄弟姐妹原本亲密无间的关系会产生嫌隙，出现敌意情绪。好消息是，这种敌意情绪会随着儿童、青少年的成长和长久的陪伴而逐渐消失。

另一方面，研究结果也展现了积极的一面。良好的兄弟姐妹关系或多或少能起到缓冲作用，为彼此提供在父母那儿缺失的支持和温暖，缓释父母婚姻失败带来的消极影响。盖斯（Krista Gass）等人的研究发现，生活中出现变故时，亲密的兄弟姐妹关系能起到保护作用，降低儿童、青少年产生抑郁、焦虑等内化问题的风险。兄弟姐妹的性别组成和性质（如亲兄弟姐妹、同父异母或同母异父的兄弟姐妹、继兄弟姐妹等）似乎是决定这种缓冲功能能否实现的关键因素之一。例如，女孩更可能为兄弟姐妹提供关怀，尤其是面对她的姐妹时。

同伴关系：被拒绝的伤害

随着儿童的成长，他们走出家庭，与家庭成员之外的同伴、老师等有了越来越多、越来越频繁的接触。学校自然而然地成为除家庭之外，对儿童、青少年有举足轻重影响的第二个成长环境。接下来，我们会重点关注同伴关系，谈一谈良好的同伴关系会带来怎样积极的影响，而消极的同伴关系（如校园欺凌等）又会带来怎样的阴影。

对同伴关系的研究始于20世纪60年代。在这之前，家庭环境吸引了这一领域几乎所有研究者的关注。一次偶然的机会，罗夫（Merrill Roff）发现，许多被情绪问题困扰的儿童、青少年都有一段相似的经历——在童年期被同伴关系伤害过。这个初步发现一经发表，就迅速激起层层涟漪，成功引起了更多研究者的兴趣。大家开始意识到，除了家庭环境，同伴关系也是一个重要的因素。

从那之后，围绕同伴关系的研究迅速增多。如今，同伴关系与儿童、青少年发展的研究已成为发展心理学的热门领域。以PsycINFO心理学文摘数据库为例，它是由美国心理学会（American Psychological Association）主办，收录最全面的心理学、行为科学的权威数据库。截至2020年11月初，如果在PsycINFO上以"同伴关系"（peer relations）、"同伴互动"（peer interactions）或"友谊"（friendships）为关键词去搜索，你会看到有5.6万篇（本）符合条件的研究论文和书籍。如果限定搜索条件，同时以"同伴关系"和"发展障碍"为关键词搜索，符合条件的研究论文和书籍也高达999篇（本）。同伴关系在心理学研究中的热度可见一斑。

第四章　发展障碍的后天因素：环境的影响有多大？

在心理学研究中，广义的"同伴关系"是一个复杂的概念体系，囊括了形形色色的主题，我们可以简单地列举一二。例如，它包括同伴地位（peer status），也就是同伴是不是接受、喜欢某个孩子，会不会排斥、拒绝和某个孩子玩耍；包括同伴间的友谊（friendship），如友谊是如何形成、维持的，以及友谊的质量对儿童、青少年的影响；还包括行为，如在与同伴的互动中，儿童、青少年表现出的亲社会（如分享、主动提供帮助）、攻击（如打人、推人）、退缩（如形单影只，较少与同伴互动）、欺负和被欺负等行为。

同伴关系在童年期、青春期的发展其实有规律可循。作为群体动物，人类与生俱来希望被同伴接纳、认可，成为群体中的一员，这种心理需求叫作"社会归属感"。心理学家利伯曼（Matthew D. Lieberman）在《社交天性：人类社交的三大驱动力》一书中就提到，人类天生就是爱社交的社会动物；人对社交的需求甚至大于对食物和温暖的需求，糟糕的社交关系给人带来的痛苦是实实在在、真实可触的，与真实的身体疼痛并无差异。

从婴儿期开始，建立与他人的社会联结就已提上了日程。一方面，婴儿会与主要照顾者建立情感联结，这能帮助他们获得尽责的照看者，获得生存所需的庇护和照顾。另一方面，婴儿开始展露对同伴的喜好。他们会通过目光注视、用手触摸、发出"不明觉厉"的声音等独特的方式来吸引同伴的注意。在之后的学步期和学前期，幼儿和同伴互动的技能不断发展，开始出现真正意义上的互动。

例如，3岁的儿童已经能够用分享、轮流、交换玩具等方式与同伴互动；能够敏感地辨别同伴的情绪状态，在同伴沮丧、伤心的时候予以安慰；能够明确社交喜好，清楚地知道自己喜欢和哪些小朋友一起玩,不喜欢和哪些小朋友玩……学前儿童(3—5岁)的社交技能进一步发展,他们已经可以和同伴建立稳定的关系,一起玩过家家、警察抓小偷、医生看病等充满想象力的假装游戏(pretend play),发展他们对世界的认知。

在学龄期儿童(5—12岁)中,社交技能的发展进一步分化,个体差异变得更明显。一部分儿童的社交困难初显端倪:有些儿童会比较羞涩,无法和同伴建立互惠、稳定的关系,没有好朋友;有些儿童得不到同伴的认同和接纳,似乎没人喜欢他们,没人愿意和他们一起玩;还有些儿童不能很好地控制自己的情绪和行为,会对同伴展现让人反感的负面情绪(如时不时地发脾气)和攻击行为(如打人)等。这些问题使这部分儿童进一步被同伴排斥,不断地被边缘化。

青春期(12—18岁)是儿童期和成年期的过渡时期。随着认知能力和独立自主的需求迅猛增长,青少年开始对父母产生一定的抵触心理,转而依赖同伴,向同伴寻求支持和理解。例如,青少年会更愿意向同伴吐露心事、分享心情。在这一过程中,同伴间的情感亲密度不断增加,同伴关系毫无悬念地成为影响青少年的重要关系。同伴的反馈是青少年构建自我认知的重要素材:同伴的肯定和接纳会让青少年形成较好的自我概念和自我价值感,而同伴的拒绝和排斥会让青少年无所适从,否定自己的价值和能力。同伴关系中的种种困境正是滋生青少年发展障碍的温床。

虽然针对同伴关系的研究已有了不短的历史,但把同伴关系和儿童、青少年发展障碍相关联,考察同伴关系的哪些方面会促成发展障碍,却是一个相对来说较年轻的研究领域。该领域的大部分研究目前还处在探索"主效应"的阶段,也就是将同伴关系的不同方面与儿

第四章　发展障碍的后天因素：环境的影响有多大？

童、青少年发展障碍一一对应，看看哪些因素会与哪些发展障碍的产生相关联。在这个基础上，也有一部分研究能前进一步，试图解释这些主效应的发生机制，即为什么这些特定的同伴关系因素会和发展障碍的产生相关联。

同伴地位

同伴关系困难可以通过不同的方式显现。它既可以发生在特定的小群体中（如某几个人组成的朋友圈），又可以发生在一个更大的群体中（如全班级、全年级、全学校等）。不过，与前者相比，后者的研究相对较多。在这个章节中，我会用"同伴接纳"（peer acceptance）和"同伴拒绝"（peer rejection）作为同伴地位的指标。

从本质上说，同伴接纳和同伴拒绝其实是来自同一概念的两种截然相反的情境，因此，在心理学研究中，关于同伴接纳和同伴拒绝的数据通常有两种不同的处理方式。一种是把两者看作连续的变量，用连续的数值来表示儿童、青少年在同伴中的受欢迎程度。分数越高，就代表儿童、青少年在同伴中越被接纳和欢迎。另一种则是用前一种方式得到的分数将儿童、青少年划分成不同的类型，如受同伴欢迎的、被同伴拒绝的、被同伴忽视的、有争议的和平均水平的。

儿童、青少年的同伴地位具有很高的稳定性，在不同的年龄段和不同的伙伴间都能保持稳定。例如，研究者将不同同伴地位的被试儿童和陌生同伴安排在一个组中，让他们进行每周一次的互动。在第三周的时候，研究者测得的这些被试儿童的同伴地位分数和他们之前在学校测得的分数已经具有很高的相关性。也就是说，之前测得的受欢迎的孩子，即便和素未谋面的新同伴在一起，也能很快收获新同伴的喜爱；而之前测得的被同伴拒绝的孩子，也很快会被新同伴排斥。看起来，儿童自身原因才是决定他们同伴地位的最主要因素。

儿童、青少年在同伴互动中的所作所为就是其中一个决定同伴地位的重要因素。一些儿童会在同伴互动中表现出不符合社会期待和社会规则的行为（如打人、不遵守游戏规则、违反纪律等），他们就更容易被排斥和拒绝。

同伴拒绝是儿童、青少年发展障碍尤其是内化问题和外化问题的重要诱因。针对学前儿童、学龄儿童和青少年等不同年龄段的研究都较为一致地发现，被同伴拒绝的儿童、青少年更可能在之后发展出外化问题。这可能是因为被同伴拒绝的经历会诱发愤怒等强烈的负面情绪。而情绪体验本身不仅包括情绪层面和生理层面的激活，还包括具体的行为指向性。例如，当人生气的时候，出于本能，会有一种捏紧拳头、想要打人的攻击冲动。这些被拒绝的儿童在体验到愤怒情绪后，更可能在这种冲动的驱使下，阴差阳错地攻击同伴。他们不恰当的攻击行为并不能让他们赢回同伴的认可和喜爱，反而会将同伴越推越远。这就形成了一个从同伴拒绝到攻击行为，再回到同伴拒绝的恶性循环，使儿童、青少年的外化问题不断增强，越发趋于稳定。

除了负面情绪的激活，还有一些研究者认为，同伴拒绝和外化问题的关系可以从其他的角度来理解。我们在前面提过，儿童、青少年的同伴地位具有很高的稳定性，在不同的同伴互动中都会很快显现。这就意味着，被同伴拒绝的孩子往往很难和其他儿童、青少年建立积极、良好的同伴关系，自然也无法从中学习积极的社交技能和良好的互动方式。为了满足社会归属感，这些被同伴拒绝的儿童、青少年便更可能和其他因类似原因受到排斥的"问题"同伴建立同盟。近朱者赤，近墨者黑，他们凑到一起后会进一步强化、巩固已有的外化

第四章 发展障碍的后天因素：环境的影响有多大？

问题，这就是社会强化假说的观点。这个观点也有不少实证依据。例如，有研究发现，被同伴拒绝的儿童更可能在之后与不良同伴建立友谊，后者会进一步增加他们在青春期时发展出外化问题的风险。

不过，不是所有被同伴拒绝的儿童、青少年都会发展出外化问题，还有一些会出现抑郁、焦虑等内化问题，负面情绪在其中起一定作用。面对同伴拒绝，一些儿童会体验到伤心、失望以及伴随而来的对自我价值和自我能力的贬低和否定，这些恰恰与内化问题有千丝万缕的联系。

研究还发现了性别差异。被同伴拒绝后，女生更可能受到伤害。具体地说，长期被同伴拒绝和抑郁的关联在青春期女生群体中尤为突出。从 12—13 岁开始，青少年开始进入抑郁的高发期。尤其是后青春期的女生，她们被认为是抑郁的高危人群，抑郁的检出率通常是男生的 2—3 倍。

性别差异可以从不同的角度解释。有些研究者认为，抑郁在青春期女生群体中的高发很可能与女生更依赖同伴关系有关。与男生相比，青春期女生对同伴有更强烈的情感依赖，也更期望从同伴关系中获得支持。然而，期望越高，失望也越大。正因如此，青春期女生会比男生体验到更多源自同伴关系的人际压力和负面情绪，后者可能进一步催生抑郁问题。

还有一些研究认为，性别差异可能和女生的一些"独特"行为有关系。例如，同伴的肯定是青春期女生自我认同和自我认知的重要来源。当产生自我怀疑的时候，她们会倾向于寻求同伴的肯定来打消疑虑，进而肯定、认可自我。对那些自尊和自我价值感较低、倾向于自我否定和怀疑的女生来说，她们更需要时不时地向同伴寻求肯定。时间一长，频率一高，这种行为就可能招致同伴的鄙夷和疏远，进而增加抑郁情绪。

友谊

除了同伴地位，友谊也是同伴关系领域经常研究的话题。友谊的质量和好朋友的数量在不同的同伴群体中有较大的差异。友谊是一把双刃剑，高质量的友谊能起到保护作用，糟糕的友谊却可能将儿童、青少年推入万丈深渊。

虽然友谊是一个非常日常的概念，想研究它却不容易。如何区分友谊和一般的友情，如何判断谁是最好的朋友，以及友谊的发展变化，就是其中一些困扰研究者的问题。在操作层面，研究者通常会采用同伴提名的范式来测量友谊。他们会让儿童、青少年提名谁是自己的好朋友。然而，这里就有一些让人犯难的细节，我们可以列举其中一些问题：儿童、青少年的自我报告是不是测量友谊的最好方式？家长、老师会不会对这个问题有不同的看法？在提名过程中，是不是双方都不约而同地提名对方是自己的好朋友，才能认为他们之间存在友谊？每个儿童、青少年可以提名几位好朋友，是否需要设限？不同研究者对这些操作层面的问题有不同的看法，各执一词。

分歧虽然存在，但研究者也就一些问题基本达成共识。例如，研究者基本同意低龄幼儿（包括学步期和学前期幼儿）的自我报告不太能够采信。对这些幼儿来说，父母和教师才是他们的同伴关系和友谊的最佳报告者，父母与教师的报告才更准确。但这一趋势从小学开始出现反转。上学后，儿童的报告才能更好地体现他们的社交现状。不过，儿童的报告很可能仅仅反映了他们眼中自认为的同伴关系，而非真实、客观的同伴关系。就好像你觉得某人是你最好的朋友，你们之间的友谊无坚不摧。但如果去问你眼中最好的朋友，他或许会有不同的看法，认为你们之间仅仅是一般的友情。这种尴尬的情况说明，你可能高估了这段关系。只可惜，绝大多数情况下，我们在生活中并不会向朋友确认，也就无法知道自己对友谊的判断是否准确。

在心理学研究中，此类认知偏差是研究者感兴趣的话题。研究者发现，一些社交技能缺损的儿童通常会错误判断自己的同伴关系，倾向于高估或低估同伴关系质量。以有外化问题（如高攻击性）的儿童、青少年为例，他们会觉得自己的同伴关系质量很好，自己的社交能力很强，还很受同伴的欢迎。但事实上，同伴并不喜欢他们，也不愿意和他们一起玩。可以想见，如果让这些儿童报告自己的同伴关系，一定会与其真实的同伴关系相去甚远，不足为信。

高质量的友谊对儿童、青少年发展的积极作用不可小觑，对处于困境中、在压力下挣扎的儿童、青少年来说尤为如此，高质量的友谊就像一把保护伞，能够降低他们产生发展障碍的风险。这是因为高质量的友谊能够为这些高危儿童、青少年提供情感、行为、心理上的支持。即便生活不遂人意，如果能有人真心愿意分享烦恼与困惑，提供鼓励与支持，就能为他们带来一抹温暖的亮色，让他们有了努力生活的动机和力量。在这一点上，已经累积了不少实证证据，很多研究一致支持高质量友谊的积极作用。当遭遇生活中的压力事件时（如父母离婚、突如其来的疾病等），有高质量友谊傍身的儿童、青少年更可能安然度过危机。对于具有抑郁易感基因的儿童、青少年，一段高质量的友谊也能让他们化险为夷，减少抑郁的风险。

值得注意的是，并不是所有友谊都是有百利而无一害的。有些友谊不仅不能起到保护作用，还会成为散播危机的温床。例如，朋友间与抑郁相关的社会行为会促进儿童、青少年抑郁的发展。美国密苏里大学的露丝（Amanda J. Rose）教授发现，朋友间的"共同反刍"（co-rumination）就是一个有危害的社会行为。共同反刍指朋友间过度关注、讨论负面事件，聚焦负面情绪。这种社会行为在青春期女生群体中尤为常见，被认为是导致该年龄段女生抑郁高发的重要人际因素。

我们可以想想自己身边的例子。在你的亲密朋友圈中，一个人如果受到了老板不公正的待遇，作为朋友，你们会怎么表达安慰之情呢？也许你们会和朋友大吃大喝一顿，用美食治愈朋友的伤痛；也许你们会和他一起吐槽这个老板多么昏庸；也许你们会静静地陪着朋友，让他尽情发泄内心的不满……同样的事情也会在青春期女生当中上演，只不过，她们的安慰方式更可能是共同吐槽和情绪宣泄。例如，当群体中的一个成员因为言行举止被同学嘲笑后，她和朋友聊天的话题就可能总是围绕这个事件展开，讨论同学为什么嘲笑她，别人是不是也有类似经历，嘲笑让她有多受伤，今后该如何面对同学……似乎这一页永远翻不过去。于是，在一次次的讨论中，嘲笑事件也一遍遍重演，事件的脉络和细节变得越来越明晰，个中的悲伤和苦痛也变得越来越鲜活和生动。最后，这个事件会成为一个导火索，通过朋友间的共同反刍，使被嘲笑的女生出现抑郁情绪。在这个例子中，虽然同伴关系很亲密，她们的动机和出发点也是好的，但不当的社会行为间接为嘲笑事件推波助澜，成为推动情绪障碍发展的帮凶。所以，高质量的友谊和积极的社会行为对儿童、青少年来说都不可或缺。

第四章　发展障碍的后天因素：环境的影响有多大？

校园欺凌：悲伤逆流成河

2016年11月，在北京市海淀区中关村第二小学，两个小学生将一个10岁的男生堵在厕所，向他头上扣了一个盛有厕纸等秽物的垃圾筐。

2019年9月，河南省禹州市，一个7岁的女生在学校课外活动期间，被同班同学按住胳膊，往眼睛里塞了若干碎纸片。

随着这些新闻成为热搜，校园欺凌（bullying）现象再次进入公众的视野。在震惊和唏嘘的同时，人们不禁疑惑：孩子们正值纯真无邪的年龄，学校本该是好好学习、天天向上的乐土，为什么会发生令人发指的行为？

触目惊心的是，以上事件并不是孤立的个案。在我国城市中小学，校园欺凌的发生率普遍超过20%，在农村学校中更是高达31.5%。正如《中国教育发展报告（2019）》中所指出的，校园欺凌事件频发，覆盖地域广泛，呈现低龄化趋势，已成为我国一个亟待解决的社会问题。

随着校园欺凌问题的公众关注度不断攀升，2016年5月，国务院教育督导委员会办公室印发了《关于开展校园欺凌专项治理的通知》，首次在国家层面对校园欺凌问题作出政策回应。紧随其后，《教育部等九部门关于防治中小学生欺凌和暴力的指导意见》也火速出台，校园欺凌成为全社会的关注热点。

不仅仅在我国，校园欺凌也是困扰世界其他国家的公共难题，类似事件在全世界的校园中屡屡上演。以日本为例，2019年度校园欺凌事件高达61万余起，创历史最高纪录，确认发生欺凌的学校约占学校总数的82.6%。其中，小学的欺凌事件增长迅速，一至三年级均增加1万起以上。美国政府发布的一份调查报告也显示，美国每5名中学生就有1人曾经遭受校园欺凌。在欧洲，2010—2014年，11—16岁的孩子成为网络欺凌受害者的比例从7%上升到12%。

联合国教科文组织2019年出版、涉及144个国家的《数字背后：结束校园暴力和欺凌》研究报告显示，校园欺凌现象的严重程度超乎想象：全世界每3个学生中就有1个曾遭受过欺凌。报告还提到，很多青少年最近1个月至少遭受过1次欺凌。校园暴力和欺凌大多由同龄人造成，但在部分案例中，教师和其他学校职员也参与其中。

毫不夸张地说，校园欺凌问题正影响着世界上数百万从学龄前到青春期的儿童、青少年，是导致他们出现发展障碍的一个重要隐患。

在进一步深入探讨校园欺凌之前，我们先来认识一下什么是校园欺凌。校园欺凌的定义五花八门，有些流于狭隘，有些则过于宽泛。例如，有些研究者将校园欺凌和可能的解决方案整合在一起，定义为需要解决的冲突。还有些研究者将校园欺凌定义为持续和重复的行为。这里，我想简单介绍三种较为流行、被普遍接受的定义。

奥尔维斯（Dan Olweus）对校园欺凌的定义被西方学界广泛认可。他将校园欺凌定义为学生长期、重复地暴露在受害环境中，承受一个或多个学生施加的负面行为。这里所说的"负面行为"包含蓄意地、有企图地打击、伤害他人或让他人觉得不舒服的行为。我国学者姚建龙扩展了校园欺凌的概念，将其定义为发生在幼儿园、中小学及其合理辐射地域，学生、教师或外校入侵人员故意侵害师生人身及学校和师生的财产，破坏学校管理秩序的行为。奥尔维斯的定义着重描述校园欺凌的特点，姚建龙的定义则试图对发生区域、施暴人员及对象作出界定。

在科卢梭（Barbara Coloroso）的畅销书《如何应对校园欺凌》中，她进一步从现象描述的角度给校园欺凌下了更细致的定义。她认为，校园欺凌是作恶者以羞辱和伤害他人为目的，故意或蓄意地对他人作出的具有攻击性、侮辱性的恶毒行为，从他人遭受的痛苦或不幸中获得快乐。校园欺凌常常会持续不断地反复出现，但不是只有多次、重复发生的事件才算欺凌，单次的恶劣事件就足以构成欺凌了。

校园欺凌的形式非常多元化，可以是发生在语言层面的对他人的冷言冷语、嘲讽与谩骂，也可以是发生在身体层面的对他人的拳脚相向、暴力相加。除了以上两种典型的"热暴力"，校园欺凌还包括一种关系层面的"冷暴力"，这种"冷暴力"通常发生在亲密的朋友圈中，在行为上具有隐秘性，不太容易被外人察觉。

如果你细细回想，会发现身边不乏这样的例子。例如，几个同学平时走得很近，偶尔出现意见分歧，他们便会威胁其中的一个，如果不按他们的想法做，就不再和他做朋友。类似要挟解除朋友关系的做法就是一种典型的关系层面的"冷暴力"。

这种"冷暴力"还会以故意忽略、排斥、孤立、散播谣言等方式发生。例如，刻意不让某个同学参加生日宴会、小组活动等，都是明目张胆的排斥行为。在班级中或公开或隐秘地散播某个孩子的谣言，让其他同学都对他唯恐避之不及，也是关系欺凌的一种。

青春期是关系欺凌的高发期。这时期的孩子格外重视同伴关系，努力融入同伴群体中，力求和同伴友好相处。因此，关系欺凌对青春期的孩子格外有杀伤力。

虽然关系欺凌对孩子的伤害不如身体伤害造成的淤青、伤痕那么明显，但它在心理和精神层面带来的伤痛并非矫情，而是实实在在的疼痛体验。近年来，飞速发展的神经影像学从生理的角度为我们提供了强有力的佐证。当我们体验到身体疼痛时（如手指被纸割破），大脑的背侧前扣带皮层会被激活；疼痛的程度越高，激活就越强烈。有意思的是，当我们体验到被同伴排斥、拒绝的社会性痛苦时，大脑的相同区域也会出现同样的激活反应。这就意味着，身体疼痛和社会性痛苦的神经机制如出一辙，带给我们的感受在生理层面并没有本质差异。

随着网络、手机、电脑的普及，校园欺凌也不停升级换代，开始打破学校的地域界限，无孔不入地侵入儿童、青少年的日常生活。新型校园欺凌——网络欺凌开始浮现，并且正变得越来越常见。在网络攻击中，施暴者会通过手机、电脑等给受害者发送嘲讽、恐吓的信息，或在社交媒体上恶意散播谣言。有些施暴者还会在网络上公开受害者的个人隐私，发布让受害者难堪的照片、视频等。网络欺凌极大地增加了校园欺凌的可及性、危害性和影响力，正在成为校园欺凌中的新生势力。

依据不同的卷入方式，校园欺凌会涉及四类角色，包括施暴者、受害者、施暴—受害者和旁观者。其中，施暴—受害者是指在某些情境中会施暴，而在另一些情境中会成为被欺侮对象的儿童、青少年。这就意味着，施暴还是受害在很大程度上取决于对象和情境。除此之外，还有一些儿童、青少年会间接地卷入校园欺凌，作为旁观者耳闻目睹这些惨剧的发生。

目前,国内鲜有研究区分以上四类角色,但有国外研究者专门关注了这一问题。例如,在最近发表的一项囊括欧洲多国(包括保加利亚、德国、意大利、荷兰、土耳其、罗马尼亚和立陶宛)小学生的研究中,法国波尔多大学的哈斯奇(Mathilde M. Husky)教授和同事们区分了不同类型的校园欺凌卷入方式,如图4-1所示。他们发现,有14.3%的儿童被指认为施暴者,有18.2%的儿童被指认为受害者,还有高达19.2%的儿童被同时指认为施暴者和受害者。这个研究为确定校园欺凌事件中的不同卷入角色提供了重要的依据。

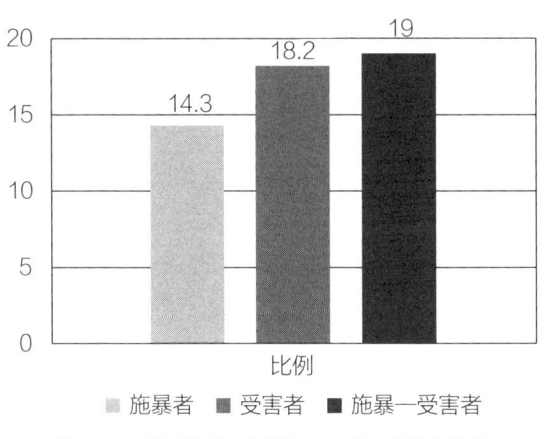

图4-1 校园欺凌不同卷入方式的小学生比例
(Husky et al., 2020)

在实际生活中,校园欺凌事件的形式可能更多样,因此,想给出一个确切却不狭隘、全面却不宽泛的定义显得有点儿困难。不过,无论是心血来潮的还是蓄谋已久的,无论是显而易见的还是不易察觉的,无论是当面发生的还是背地捣鬼的,无论是单个孩子的还是多个孩子的,通常可以概括出校园欺凌的以下几个共同特点。

第一，力量的不对等。校园欺凌的施暴者一般比受害者在体格上更高大、健壮，也更年长、更有能力，在同伴中具有更高的影响力。可以这么说，恃强凌弱是校园欺凌的标志性特征。这就可以把校园欺凌事件和一般的校园斗殴事件区分开，因为后者更多的是两个或多个力量均衡的儿童、青少年群体间因利益冲突或意见相左而产生的搏斗。

第二，以伤害为目的。校园欺凌是以伤害他人为目的的行为。无论是以身体欺凌为代表的"热暴力"还是以情感、关系绑架为特点的"冷暴力"，它们都并非偶然发生，也不是一句无心之失或开个玩笑就可以轻松掩盖的。校园欺凌是蓄意伤害他人的行为，并以目睹他人的痛苦为乐。但直接诱发校园欺凌的原因较为多样，例如，为了报复他人，为了排斥他人，为了嘲弄他人，为了羞辱他人，等等，不一而足。

第三，持续性和长期性。大多数校园欺凌都并非单次的孤立事件，而是会一而再、再而三地重复出现，在这个过程中程度不断升级。尤其是在施暴者和受害者力量悬殊的情况下，校园欺凌更可能成为常态。欺凌事件常常会始于言语层面的嘲讽、挑衅、谩骂，进而发展为关系层面的排斥、孤立、散播流言蜚语等。在缺乏关注和干预的情况下，欺凌事件还可能进一步恶化，升级为身体层面的殴打或侮辱受害者的行为，在极端情况下，甚至可能让受害者付出生命的代价。

第四，制造恐惧。也许有人会有疑问，既然类似事件一再发生，受害者为什么不向家长、老师求助？也许受害者担心向他人求助会惹怒施暴者，让他变本加厉地再次施暴？事实上，不管受害者是否曾向他人吐露此事，欺凌事件大概率会再次发生。欺凌事件诱发了受害者

第四章 发展障碍的后天因素：环境的影响有多大？

内心深深的恐惧，他们往往无力反抗，甚至没有勇气去寻求帮助。受害者的退缩行为可以说正中施暴者下怀，让暴力行为循环往复，屡屡发生。

校园欺凌有什么危害呢？虽然国内很少有学者进行这方面的实证研究，但国外学者积累了不少实证依据。例如，我们之前提到的哈斯奇教授及其同事的研究，他们除了区分校园欺凌中的不同卷入角色外，还进一步考察了以不同方式亲历校园欺凌会对这些儿童的心理健康带来怎样的影响。研究结果印证了他们的猜想：不管是施暴者、受害者还是施暴—受害者，他们都是发展障碍的高危人群。

具体地说，施暴者和施暴—受害者是外化问题的高危人群。我们或许可以这么理解，暴力行为本身就是外化问题的典型症状，这些儿童之所以会成为施暴者或施暴—受害者，在一定程度上是受外化问题的驱使。与之相应，受害者是焦虑障碍这种内化问题的高危人群，而施暴—受害者是焦虑障碍、抑郁障碍等内化问题的高危人群。由此看来，施暴—受害者是其中最高危的人群，他们出现外化和内化问题的风险都要高于正常儿童。

这个研究结果与之前一系列研究结果不谋而合，这告诉我们，校园欺凌是影响儿童、青少年发展障碍的重要因素。遭遇校园欺凌的孩子还更可能出现自杀的想法和非自杀式自残。研究者也发现了其中的性别差异：遭遇关系欺凌的男生和女生都更可能出现内化问题，而遭遇身体暴力的男生更可能出现抑郁情绪。

对于校园欺凌和外化问题的关系，研究得出了一致结论。不过，一个有意思的问题是，校园欺凌和外化问题究竟谁是因，谁是果？谁发生在前，谁发生在后？究竟是谁推动了谁？

基于一些初步证据，我们认为校园欺凌和外化问题之间存在相互预测的关系，也就是说，两者互为因果。一方面，遭遇校园欺凌的经历会增加儿童、青少年出现外化问题的风险；另一方面，一些儿童、青少年本身的外化问题可能是他们对同伴施暴的原因之一。

其中的影响机制是什么？这同样是研究者非常感兴趣的话题。有些研究者把校园欺凌看作一个长期的压力事件。长期暴露在压力事件中，儿童、青少年更可能出现功能失调，而后者进一步推动了发展障碍的产生。例如，情绪调节失调就是这类孩子身上的一个常见问题，他们通常无法很好地调节自己的情绪，不知道如何面对被欺凌后的伤心、恐惧、焦虑等，更不知道如何妥善地调节，走出情绪的漩涡。于是，他们更可能采用逃避或自我麻醉的方式，强迫自己不去想，不去感受，但收效甚微。久而久之，便为之后的发展障碍埋下隐患。除了功能失调的假说，另一些研究者认为，校园欺凌会降低受害者的自我价值感和自尊，使得他们怀疑甚至否定自己的价值和能力，而这些都会催生内化问题。

此外，还有一些研究者关注了校园欺凌影响外化问题的机制。受到社会认知加工模型的启发，他们提出，有偏差的认知加工可能在这里起到一定作用。我们可以举个例子：经常遭受校园欺凌的孩子可能会慢慢形成一些错误的认识，例如认为他人都是不友好的、恶意的。一有风吹草动，这些孩子就会立刻警惕起来，担心又要遭遇厄运。这些错误的想法并非空穴来风，是因一次次被欺凌的经历而逐渐归纳、总结出来的，与外化问题有紧密的联系。不过，因为欠缺相应的实证依据，我们还不确定认知加工偏差是不是校园欺凌影响外化问题的机制。

目前，我们课题组正在着手展开校园欺凌的研究，会具体考察我国的校园欺凌是否存在类似的不同卷入方式，以及这些不同的卷入方式是否影响儿童、青少年在认知、社会性和发展障碍等方面的表现。希望在不久的将来，我们能有基于我国学生的实证依据来更好地描述校园欺凌现象，提出行之有效的干预良方，让悲伤不再逆流成河。

压力山大：生活中的苟且

岁月静好只是一个神话，我们总是会和各种坎坷与挫折不期而遇。大部分成年人或许会在岁月的磨砺中体会到生活的真谛，慢慢学会面对生活中的苟且，礼貌地和生活和解。但即便如此，生活中的很多际遇也依然让人直呼"压力山大"，失业、中年危机、离婚、亲人的离世……这一桩桩、一件件都是让人无法坦然接受的事件，心理学家把此类事件统称为"压力事件"。

对儿童、青少年来说，生活中的压力事件是催生发展障碍的一个重要因素。大量证据表明，遭遇压力事件的儿童、青少年是发展出抑郁、焦虑等内化问题和攻击、违纪等外化问题的高危人群。还有初步的证据表明，经历压力事件可能是儿童、青少年发展障碍的必要条件。

不过，还是有很多问题有待回答。例如，对不同年龄段的人群来说，哪些特定种类的压力事件尤为有害？暴露在压力事件中的程度有何影响？压力事件和发展障碍之间是不是一一对应的关系？同一种类压力事件会不会对不同发展障碍有不同的影响？经历压力事件如何导致儿童、青少年发展障碍的形成，或者说这中间的作用机制是什么？……这些问题都是研究压力和发展障碍的学者关注的话题。

我们在生活中也经常提到压力。下周有一个很重要却很难的考试,你或许会说压力很大;工作任务很艰巨,完全不知道该如何推进,也会让你觉得有很大的压力……在日常生活中,我们口中的压力传达了一种主观、笼统的体验和感受。心理学家眼中的压力也是同样的意思吗?答案是否定的。

心理学家眼中的压力并不是我们的主观感受,而是对压力事件和压力应对的客观描述。具体地说,压力可以从刺激、应对和交互这三个角度去理解。从刺激的视角看,压力就是外部环境中的刺激事件。考试失利、被同伴欺负、父母吵架等,都可以是环境中的压力刺激。从应对的视角看,人们在外部压力刺激下如何反应、如何应对也是压力的有机组成部分。在压力事件面前,人们在生理层面会有哪些反应?在情绪、行为的层面又会有哪些反应?是会迎难而上,越挫越勇,还是会不战而逃,踌躇不前?这些问题都是应对说的研究者感兴趣的。综合刺激说和应对说两种学说后,交互说的研究者认为研究压力要从外部刺激和内部应对两个方面同时思考,单单关注其中任一个都失之偏颇。在儿童、青少年发展障碍领域,大部分有关压力的研究都是从这两个方面展开的。

压力会对人们的身心健康造成不同程度的危害,这或许可以解释为什么研究者如此热衷于探究压力和心理健康的关系。不过,相较压力和成人心理健康的关系,关于压力在儿童、青少年发展障碍中起的作用,我们了解得并不透彻,依然停留在比较浅显的研究阶段。

压力如何推动儿童、青少年发展障碍的发展?基于已知的零碎信息,研究者试图构建理论模型来回答这个重要的问题。目前较为主流的

第四章 发展障碍的后天因素：环境的影响有多大？

要数儿童、青少年压力与障碍的理论模型，这个模型由格朗特（Kathryn E. Grant）教授提出，她和同事们长期从事相关研究，积累了很多成果。这个理论模型（如图4-2所示）建立在她们前期大量研究成果的基础上，是对已有研究的提炼和升华。

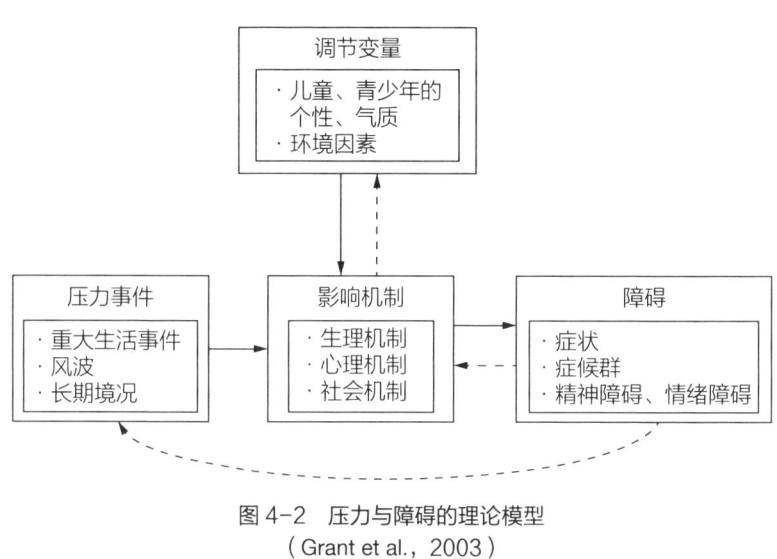

图 4-2　压力与障碍的理论模型
（Grant et al., 2003）

说到这儿，也许你不太理解，为什么心理学家那么热衷于理论？毕竟，对大部分人来说，理论似乎总是披着晦涩难懂、枯燥乏味的外衣，让人不由得想要敬而远之。但对研究者来说，理论是不可或缺的重要研究工具，把理论比作茫茫大海中的灯塔可一点儿也不为过。在纷繁复杂的现象面前，要想在千头万绪中厘清思路、发现联系、找到规律，就需要理论的指引。在理论的帮助下，研究者才能更好地透过现象发现本质。所以，相关理论的欠缺一直是困扰压力和儿童、青少年发展障碍领域的研究者的一大难题。这也就不难理解,为何格朗特教授提出的这个模型理论一问世便收获了不少关注和肯定。

这个理论模型认为压力事件是儿童、青少年出现零星发展障碍的症状、症候群或更严重的精神障碍、情绪障碍的直接原因。这里的压力事件或许是亲人离世、父母离婚等重大生活事件,或许是与好朋友争吵、与父母出现亲子冲突等生活中的小小风波,又或许是长期遭受父母虐待、走不出贫困的阴影、父母出现抑郁倾向等长期浸润在不良成长环境中的经历。这些林林总总的压力事件都会成为发展障碍的诱因,在这方面已经有了较多的证据支持。例如,在一篇整合了60多个研究的元分析研究中,研究者发现,压力生活事件能预测儿童、青少年后期的内化问题和外化问题。换句话说,经历压力事件的儿童、青少年更可能在之后的某一阶段出现发展障碍。

压力和发展障碍的关系并非千篇一律,而是会根据儿童、青少年的特点和他们所处的环境呈现"个性化"配置。这就是说,儿童、青少年的个性、气质和环境因素会在压力事件和发展障碍的关系中起调节作用。

例如,每个人都有独特的个性。有些孩子生性随和、脾气温顺,有些孩子脾气暴躁,一言不合就生气,我们把后者统称为"困难气质"的儿童。在这些具有困难气质的儿童、青少年身上,压力对发展障碍的影响尤为明显。

对生活在不良成长环境中(如家庭贫困、父母冲突等)的儿童、青少年来说,压力也更可能导致他们出现发展障碍。不过,这类实证证据还不是特别充分。这是因为在大部分研究中,研究者习惯于将这些反映儿童气质、成长环境的因素视为控制变量。换句话说,研究者

第四章 发展障碍的后天因素：环境的影响有多大？

希望在"控制"这些因素的基础上，进一步探测他们真正感兴趣的因素之间的关系，而控制变量本身的作用通常会被研究者主动忽略。在未来的研究中，也许人们会惊喜地发现，这些曾被主动屏蔽的控制变量也能成为故事的主角，丰富我们对压力与发展障碍的关系的理解。

此外，这个理论模型回答了压力如何推动发展障碍的形成，也就是说，这中间的影响机制是什么。它认为，外部压力会通过影响儿童、青少年的生理、心理和社会等层面的内在机制来推动发展障碍发生。压力本身不能直接影响儿童，它会通过作用于内在机制，间接地为发展障碍铺路架桥。例如，在压力事件面前，儿童的身心功能可能出现紊乱，造成诸如压力激素皮质醇飙升等生理层面的失调，出现错误的想法等心理认知层面的失调，以及与同伴因为小事置气，无法正常交流等社交层面的失调，这些是孕育发展障碍的温床。

总而言之，儿童、青少年发展障碍的发生、发展并不是偶然的事件，不能简单地归咎于坏运气，我们往往可以从不良的环境中发现隐患。不良的成长环境是多元化的，在家庭中包括亲子冲突、同胞冲突、父母婚姻内冲突等，在学校中包括同伴交往困难和校园欺凌等，还包括生活中林林总总、层出不穷的压力事件。探究成长环境中的危险因素，一方面是为了干预，另一方面是为了警示和预防，让儿童、青少年最终能够无忧无虑地在阳光下成长。

第五章

发展障碍的先天因素：
生理决定论靠谱吗？

后天环境和先天因素的较量在发展障碍研究领域由来已久。两派的研究者各显神通，纷纷为自己的阵营添砖加瓦。如今，究竟谁能胜出，似乎已经不再是一个重要的问题。不良的后天环境也好，易感的先天因素也罢，都在发展障碍的形成和发展中起到各自独特的作用。或许可以说，两者缺一不可。

大脑：发展障碍的神经机制

近年来，突飞猛进的神经影像学正在一步步为我们揭开大脑的神秘面纱。作为人体内最复杂的器官，大脑就像一台全时段高效运作的超级电脑，有条不紊地负责人体各项功能的运作。视觉、听觉、触觉、思考……基本上你现在能够做到的所有事情，无一例外都离不开大脑的支持。

在讲解大脑和发展障碍的关系之前，让我们先来简单地了解神奇的大脑。大脑分为三个部分，最靠上的是端脑（cerebrum），负责人体所有高级职能的运作。端脑又分成左右两个半球，左侧的半球控制着我们身体的右侧，而右侧的半球控制着我们身体的左侧。端脑的这两个半球通过被称为"胼胝体"（corpus callosum）的一条强韧的带状结构实现功能联结。

凡是看过大脑图片的人，恐怕都会对大脑的凹凸不平、沟壑纵横印象深刻。这些凹陷的部分被称为"裂缝"，凸起的部分则被称为"脑回"。每个人大脑褶皱的凹凸模式都独一无二，就像我们的指纹一样，有着鲜明的个人印记。要是给全世界所有人的大脑拍个照，你会发现，很难找到两张一模一样的照片。

第五章　发展障碍的先天因素：生理决定论靠谱吗？

　　端脑的左右两个半球又可以进一步细分为四叶，即额叶、顶叶、颞叶和枕叶。这四叶各司其职，又相互协作。顶叶主要负责我们的触觉，你在冬日触摸到温热的咖啡杯，在盛夏感受到炙热的阳光，都有顶叶的一份功劳；颞叶主要负责听觉，同时会处理一些视觉信息；枕叶是处理视觉信息的大本营；额叶是实现人类高级认知功能的区域，我们能完成思考、推理、决策、解决问题、对事件作出预判等复杂的认知功能，都有赖于额叶。

　　端脑的下方，也就是头部正后方和头颈相连的地方，是我们的小脑。当你闭上眼快速地转圈，在停下来的时候依然能保持平衡而不摔倒，就是小脑在发挥作用。它负责控制我们身体的平衡和大量复杂的肢体运动。介于脊髓与间脑之间，上行和下行的神经传导束的通道被称为脑干。这个区域负责人体的基本运作，如有节律的呼吸、心跳、睡眠等。

　　除了以上这些大的结构，大脑还包括一些分散的较小结构，如下丘脑、杏仁核、海马体、终脑等。这些小结构被统称为"边缘系统"（limbic system）。你可千万不要被这一名字误导，以为边缘系统就是默默无闻、无足轻重的龙套。事实恰恰相反，这些结构体量虽小，功能却很强大，在我们的生活中扮演着举足轻重的角色。要是离开了它们，我们的生活可会逊色不少。例如，你之所以能清晰地回忆起人生中最重要的那些人和事，就有赖于我们的记忆中枢——海马体。你在看恐怖片时能体会到摄人心魄的恐惧，就要归功于杏仁核。杏仁核是我们的情绪中枢，专门帮助我们处理强烈的情绪体验，如恐惧、愤怒、焦虑、紧张等。如果没有杏仁核，我们的情绪体验就不会那么丰富、生动。接下来，我们马上就会提到，边缘系统也在发展障碍中扮演至关重要的角色。尤其是杏仁核,我们会在后面的篇章中反反复复地提到它,因为杏仁核功能失调和发展障碍有密切关系。

近年来,研究者通过脑成像研究,发现有精神障碍、情绪障碍的人往往在大脑结构和功能上与正常人有明显不同。这些激动人心的发现无疑为我们打开了一扇通往新世界的大门,为窥见发展障碍的神经机制提供了一个全新的视角。

有研究发现,焦虑障碍和自闭症谱系障碍患者的多个脑区,如杏仁核和腹侧前额叶(ventral prefrontal cortex)等,都有异常活动。这些脑区会影响我们的面部识别、社会认知和情绪加工能力。

具体地说,紧张、恐惧等情绪体验和杏仁核密不可分。于是,有研究者提出,也许杏仁核还能帮助我们检测、筛选环境中的积极和消极的信息。在一个会议中,你或许会注意到他人赞许地微笑、肯定地点头,或无聊地打哈欠、困惑地皱眉,这些信息能从纷繁的背景信息中脱颖而出,被选择和加工,最后被你注意到和解读,杏仁核就在其中起了很大的作用。

腹侧前额叶会接收、调节其他脑区发来的信息。如果这些信息妨碍我们执行任务,腹侧前额叶就会抑制对这些信息的接收和关注,使我们能够专注完成眼前的任务。例如,你正赶着完成期末论文,还有一小时就要提交了,这个时候,哪怕自习室里有些喧闹,你也顾不上了。你的脑子里只有一个念头——一定要在截止时间到来前提交论文。其实,你不是一个人在战斗,你的大脑为了帮助你完成这一任务正在高效运作,腹侧前额叶就起了不可忽略的积极调控作用。

杏仁核和腹侧前额叶是紧密协作的战友。一方面,从杏仁核传输

第五章 发展障碍的先天因素：生理决定论靠谱吗？

过来的信号能够给腹侧前额叶提供与情绪有关的信息；另一方面，如果杏仁核过于兴奋，情绪过于强烈，腹侧前额叶就会给杏仁核发送信号，提醒它调节情绪，不要太激动。腹侧前额叶和杏仁核之间的直接、紧密的交流，让我们能维持正常的情绪反应。

正是基于腹侧前额叶和杏仁核之间这种双向的微妙关系，有研究者提出，两者之间的正常交流如果受到干扰，就会影响情绪调节能力，从而与发展障碍（如焦虑障碍、自闭症等）相关联。

具体地说，研究者提出了这样一个分区假说：腹侧前额叶可以进一步分成前后两个区。其中，后侧区域负责增强负面情绪反应和杏仁核的激活，它可以在你伤心的时候火上浇油，让伤痛来得更猛烈；前侧区域则负责减弱情绪反应，抑制杏仁核的激活，它可以在你紧张的时候默默地舒缓紧绷的体验。如果它们的工作出现失误，没能及时地舒缓紧张、焦虑的情绪，一个劲儿地煽风点火，就会出现情绪调节失调，为情绪障碍埋下隐患。

功能性磁共振成像（functional magnetic resonance imaging，fMRI）是近年来脑成像最常使用的工具。简单地说，fMRI可以通过检测大脑血液中血氧饱和度的变化来帮助我们间接地了解大脑的神经活动。如果大脑很活跃，有很强烈的激活，就会消耗更多的氧气；而如果大脑较为平静，没有太强烈的激活，氧气消耗就会相对较少。fMRI还具有空间分辨力，能准确地定位，告诉我们到底是哪个脑区在激活。

在使用fMRI的研究中，研究者会关注功能性联结（functional connectivity），也就是不同脑区间激活的相关性。例如，在一个特定的任务中，如果两个脑区的激活模式有关联，就很可能意味着这两个脑区有功能性联结。为什么功能性联结很重要呢？因为如果我们能够了解患有某种发展障碍的儿童、青少年特定脑区的异常功能性联结，就能够帮助我们确定这种发展障碍的相关神经机制。

不过，尽管听起来非常美好，功能性联结却并非白璧无瑕。与所有的相关性研究一样，它影响的方向是不确定的。如果我们发现两个脑区存在功能性联结，我们并不能确切地说出哪个脑区的激活是因，哪个脑区的激活是果，又或者说，是谁影响谁。同样，我们也没法通过脑区间的功能性联结知道它们之间究竟是增强还是抑制的关系。例如，在情绪调节的任务中，既使我们注意到杏仁核和腹侧前额叶有功能性联结，我们也没有办法进一步断定腹侧前额叶发送给杏仁核的信号是在煽风点火还是在息事宁人。当然，虽然功能性联结有这样或那样的短板，但这并不妨碍研究者对它情有独钟。

让我们以焦虑障碍和自闭症谱系障碍为例，简单了解基于fMRI的功能性联结的研究为我们带来了哪些激动人心的发现。

焦虑障碍的神经机制

诸多研究一致发现，与正常人群相比，焦虑障碍的患者在面对有威胁、危险意味的刺激时，杏仁核的激活程度明显更高。如果让焦虑障碍患者看到一些危险的图片（如出现蛇、恐怖分子等），他们的杏仁核就可能疯狂地激活。从儿童、青少年到成人，这一现象在不同年龄的焦虑障碍患者身上都普遍存在。

一个有意思的现象是，不仅仅是在接触到危险信息之后，焦虑障碍患者在等待威胁信息的阶段，就已经出现杏仁核的强烈激活。在美国加州大学戴维斯分校心理学教授盖耶（Amanda E. Guyer）等人的"聊天室"研究中，研究者招募了一组有社交焦虑的青少年，让他们

第五章 发展障碍的先天因素：生理决定论靠谱吗？

看了一些素未谋面的同伴的照片（如图 5-1 所示）。他们被告知，在之后的一个实验环节中他们会和这些同伴网上聊天，因此需要首先根据照片对他们有多愿意和这些同伴聊天打分。同时，研究者还拍摄了他们的照片，并告诉他们，这些同伴也会根据照片对与他们聊天的意愿打分。当然，这只是研究者的一个幌子，事实上，根本没有什么打分。

图 5-1 聊天室范式
（Guyer et al., 2008）

这个幌子奏效了：得知自己也会被同伴比较、打分后，这些有社交焦虑的青少年明显感到不适。果然，有社交焦虑的青少年在随后的 fMRI 研究中表现出异常的杏仁核激活，明显高于正常青少年。

这个研究给我们的启示是，危险是否真的存在其实不那么要紧，对危险事件的预期就可以成功激起我们的情绪反应。有时候，我们真的会沉浸在自己的臆想中无法自拔。吓死我们的可能不是真正的危险，而是我们的想象。

此外，与研究者的预期相吻合，越来越多的证据显示，患有焦虑障碍的儿童、青少年不仅存在杏仁核的异常激活，而且存在腹侧前额叶的异常激活，杏仁核与腹侧前额叶的功能性联结也存在异常之处。这就表明，腹侧前额叶对杏仁核的监督和调控在这些患有焦虑障碍的儿童、青少年身上并不是那么顺利，这在一定程度上揭示了焦虑障碍的神经机制。

自闭症谱系障碍的神经机制

自闭症谱系障碍是一类在儿童期多发的发展障碍，大众常笼统地称之为"自闭症"。自闭症患儿是"来自星星的孩子"，大多会在人际交往、语言表达以及行为发展上存在一些缺陷，却也可能在某一方面身怀绝技（如绘画等）。自闭症的致病机制一直是困扰心理学家的一大难题。近年来，心理学家倾向于认同其发病机制是多方面的，既存在生理层面的基因、脑功能的缺陷，也存在环境层面的问题。多元致病机制共同导致自闭症的形成。

神经科学的研究试图了解自闭症的神经机制，我们之前屡次提到的大脑边缘系统中的杏仁核受到研究者的关注。美国杜克大学自闭症和脑功能研究中心的道森（Geraldine Dawson）教授和宾夕法尼亚儿童医院的史沃兹（Robert T. Schultz）教授提出了这样一个可能性——自闭症患者的人际交往缺陷可能是由杏仁核的功能异常造成的。

可惜的是，基于 fMRI 的研究结果似乎不太一致，让人莫衷一是。有些研究发现，与正常人相比，自闭症患者的杏仁核激活程度较低；另外一些研究的结论则恰恰相反，研究者发现，自闭症患者的杏仁核激活程度较高。这是怎么回事呢？让我们以两个具体研究为例，解读这一现象。

阿史文（Chris Ashwin）博士及其同事招募了 12 个高功能的自闭症患者进行研究，这些患者均为成年男士。同时，他们还招募了另外 13 名男士作为健康对照组。研究者在两组人的年龄等条件上都进行了精确匹配，确保是否患有自闭症是他们的主要区别。在正式研究中，研究者让自闭症患者和健康男士分别看了四组不同的情绪图片（如图5-2所示）：打了马赛克，面部表情模糊的图片（a）；辨别不出情绪的中性表情图片（b）；唤起度较低的害怕表情图片（c）；唤起度较高的害怕表情图片（d）。其目的在于通过浏览面部表情图片激活观看者的杏仁核。

研究结果发现，和健康男士相比，自闭症患者的杏仁核激活程度明显较低。并且，随着害怕表情图片的唤起度不断增加（从有点害怕的面部表情图片c到非常害怕的面部表情图片d），这些患者的杏仁核激活程度没有任何变化。而在健康对照组中，杏仁核的激活程度和害怕表情图片的唤起度成正比。这就是说，自闭症患者的杏仁核没有有效地参与情绪调节，存在功能失调。

美国爱荷华大学的克里曼（Dorit Kliemann）博士同样招募了两组被试，分别为确诊自闭症的男士和健康男士。研究采用情绪分类任务（如图5-3所示），被试需要识别屏幕上呈现的情绪图片（高兴、害怕、中性）。在这个过程中，研究者除了用fMRI扫描被试的杏仁核之外，还监测被试在浏览这些情绪图片时的眼部运动模式。综合以上两个不同的生理指标，他们发现了很有意思的结果。

与健康对照组相比，在直视图片中人物的眼睛时，自闭症患者会有更强烈的杏仁核激活。也许为了摆脱这种"不适"，自闭症患者会更频繁地将他们的目光挪开，避免注视图片中人物的眼睛。俗话说，眼睛是心灵的窗户。通过眼睛，我们能够更好、更准确地识别他人的情绪，也可以更好地和他人建立情感联结。自闭症患者的这一独特眼动模式和杏仁核激活模式似乎透露出他们对社交和与他人建立联结的不适与抗拒，这些无疑与他们社会功能的缺损有莫大的关联。

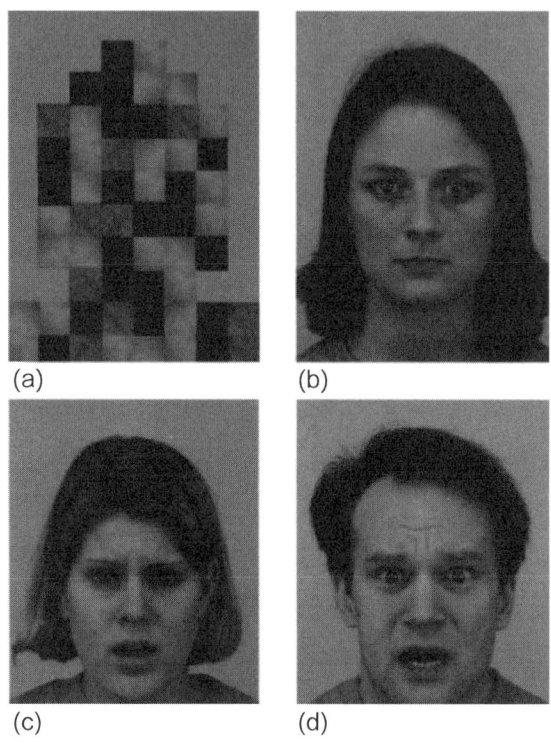

图 5-2 面部表情刺激示例
（Ashwin et al., 2007）

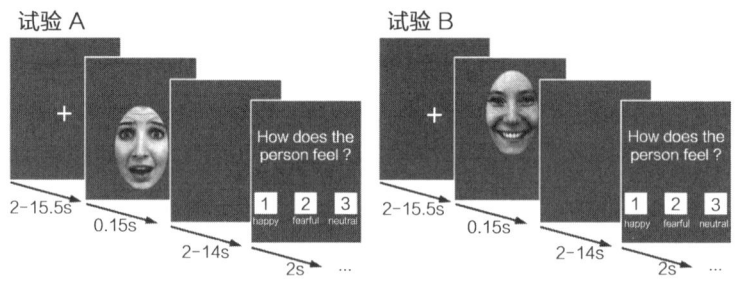

图 5-3 情绪分类任务
（Kliemann et al., 2012）

第五章　发展障碍的先天因素：生理决定论靠谱吗？

从以上两个例子我们可以看到，研究者往往会采用不同的研究范式来达到激活杏仁核的目的，而这些不同研究范式可能正是导致不一致结论的一个直接原因。一个可能的猜想是，研究范式的时间长短是导致杏仁核不同激活模式的原因。自闭症患者具有躲避注视他人面部的行为倾向，如果以面部表情图片为主要刺激的范式持续时间较长，自闭症患者可能会通过躲避注视这些图片的方式来缓解内心的不适，这就会导致杏仁核的激活程度较低。相反，如果范式的持续时间较短，并且自闭症患者因实验任务的要求需要直视面部表情图片，就可能检测到较高程度的杏仁核激活。

与焦虑障碍患者类似，除了杏仁核的异常激活外，自闭症患者在腹侧前额叶的激活以及腹侧前额叶和杏仁核的功能联结上也呈现不同于常人的异常模式。这可能意味着，在自闭症患者身上，腹侧前额叶对杏仁核的调控也存在缺陷。

另外，与焦虑障碍相比，自闭症的发病时间通常较早，在 3 岁之前就已显现。研究者对婴儿期、学步期和童年早期的神经活动也很感兴趣，想要了解自闭症的早期神经机制。遗憾的是，对幼儿进行 fMRI 实验存在诸多难点和局限，他们通常不能很好地配合实验任务，过多的身体、头部活动还会影响结果。所以，这类研究大部分只能完成幼儿的大脑结构检测。

这类研究的结果表明，与正常儿童相比，自闭症患儿在大脑结构的发展上存在异常。例如，在婴儿期和童年早期，他们的杏仁核和前额叶等脑区异常增生；而在后期，这些脑区会异常缩小。这就导致到了青春期和成年期，自闭症患者的这些脑区会比健康人更小。这意味着自闭症患者在大脑结构的发展时间和发展模式上存在异常。

总而言之，脑成像的研究让我们得以窥见神秘的大脑在儿童、青少年发展障碍中的独特作用。不过，研究观测到的这些脑区的功能异常以及不同脑区间的功能性联结异常究竟代表了发展障碍的前因还是后果，依旧迷雾重重。究竟是脑区的功能异常导致了发展障碍的产生，还是发展障碍导致这些脑区出现功能异常？或者说，最初的脑区功能异常催生了发展障碍，而发展障碍的出现使脑区功能异常进一步恶化？通过未来的探索，我们或许能够给出确切的答案。

基因：发展障碍的遗传密码

除了大脑之外，基因也是研究者非常感兴趣的话题。基因承载着人类繁衍生息的遗传密码，我们生而为人的成长、变化是不是都可以从基因中找到答案？患有发展障碍的儿童、青少年是不是身上携带了"问题基因"？此类先天决定论式问题让很多研究者着迷。如果答案是肯定的，问题可就简单多了，心理学家便无需再用精心设计的实验和研究去尝试了解人类思想、情绪、行为的复杂规律。想要彻头彻尾地了解一个人，预测他将来的人生轨迹，只需要进行基因检测，再对照"说明书"，一一解锁即可。是不是听起来很理想？

纵观基因的研究，我们会发现，基因尽管很强大，也许能在很大程度上决定我们的体貌特征、脾气与秉性，却并不能全然决定我们会成为怎样的人，不能全然决定我们的所思所想、所作所为，更不能决定我们的人生走向和际遇。这对我们来说或许是个好消息，因为大部分人都不愿意从出生伊始便拥有早早注定的一生。有转折，有惊喜，有机会，能通过自己的努力奋斗收获更精彩的未来，这样的人生才更让

第五章　发展障碍的先天因素：生理决定论靠谱吗？

人着迷。基因或许决定了我们人生的起点，却不能决定我们的方向。

在早期研究中，心理学家会招募双胞胎、兄弟姐妹、收养家庭子女等参与研究，以了解遗传对我们的独特塑造作用。近年来，表观遗传学逐渐兴起，成为基因研究中的主导流派。与早期的基因研究不同，表观遗传学更关注单个目标基因，研究目标基因在不同的环境中是否会有不同的表现。换句话说，表观遗传学认为，携带目标基因的人在不同的环境中会有不同的行为表现，而找到、定位这些目标基因，弄清楚它们如何与环境交互，正是表观遗传学的研究者热衷的话题。

基因对我们的影响正是代际遗传的主要途径，关注基因的作用也因此被很多人等同为遗传的影响。我们以抑郁为例，研究者发现，抑郁像流行性感冒一样，一旦家中有人出现抑郁情绪，它就很可能在家中蔓延，感染其他的家庭成员。显然，与流感不同，并没有"抑郁病毒"对此负责。抑郁在家庭中的人际传播如何实现呢？美国斯坦福大学的高特里博（Ian H. Gotlib）教授和埃默里大学的古德曼（Sherryl H. Goodman）教授曾联合提出一个有关抑郁代际传播的理论模型。这个模型一提出便广为流行，可以说是抑郁代际传递的权威理论模型。凡是这方面的研究，都会援引这个理论模型。

在这个模型中，高特里博教授和古德曼教授提出了四种可能的代际传播途径，其中的一种途径就是遗传机制。与抑郁有关的易感基因会通过遗传起作用，在不良的成长环境中，携带这些抑郁易感基因的孩子会比其他孩子更容易发展出抑郁障碍。

基于以上这个抑郁代际遗传的例子，我们可能会理所当然地得出一个错误的观点：与抑郁有关的易感基因会对孩子的抑郁有独立的预测作用。也就是说，凡是父母有抑郁情绪，受到遗传因素的影响，他们的孩子也一定会因为携带相同的基因而产生抑郁情绪，似乎这是个逃不开的宿命。其实不然，这个暗示宿命论的观点过于消极，是人们解读基因研究时经常出现的一个误区。

事实上，基因对我们的影响并不是独立存在的。风险基因本身并不会催生障碍，它仅仅代表了一种先天倾向，需要环境的触发才可能产生危害。换句话说，即便携带抑郁的易感基因，这些孩子也不会百分百地罹患抑郁障碍，他们中有很多人可以享受积极、阳光的人生。

问题来了：为什么携带遗传自父母的抑郁易感基因会成为某些孩子的噩梦，对于另一些孩子却似乎无关痛痒？我们可以打个比方来解答这个问题。想让一盏台灯照亮你的书桌，你需要打开它。同样，想要激活抑郁的易感基因，让它发挥效力，你也得首先打开它的独特"开关"。我们生活的环境，就是这个"开关"。

基因和环境密不可分。只有在特定的环境中，基因的影响才可能被激活。这些携带抑郁易感基因的孩子如果能够在积极的环境中成长，有值得信赖和能够依靠的照顾者，有友善的同伴，有岁月静好的生活，他们的抑郁易感基因或许就会一直处于沉寂状态，不会对他们产生危害。相反，如果这些孩子不够幸运，在"荆棘丛生"的环境中成长，缺乏家人的关爱和支持，与"问题同伴"为伍，生活中常有变故和惊吓，这些环境中的危险因素就会不停地叠加，成功激活潜伏在体内的抑郁易感基因，使他们出现抑郁情绪，最终可能形成抑郁障碍。

当然，需要注意的是，上述例子是基于概率的合理推断。换句话说，这是一个在这些高危儿童、青少年身上可能发生的大概率事件。我们不能想当然地把结论套用到每个儿童、青少年身上，毕竟，人与

第五章 发展障碍的先天因素：生理决定论靠谱吗？

人多有不同，个体差异也会有很大的影响。

这些年的研究积累让心理学家对发展障碍背后的基因有了更多的认识。基因和环境结合起来，似乎比它们中任何一个都更能解释发展障碍的形成。

例如，有的人生性鲁莽，做事欠缺深思熟虑，由着自己的性子来，这些特点被心理学家视为"冲动性"的具体表现。研究发现，冲动性在很大程度上是由遗传决定的。较冲动的人往往是外向型障碍的易感人群，更可能发展出违逆、反社会行为等。携带冲动性遗传基因的儿童、青少年如果生活在贫困、充斥着暴力的不良环境中，或者被照顾者虐待，就更可能产生发展障碍。

此外，研究者还热衷于搜索、定位与林林总总的发展障碍相关联的个体风险基因。以内化、外化问题为例，研究者找到了与这些问题息息相关的一些遗传标记，如多巴胺受体 D4（DRD4：7-repeat allele）、多巴胺受体 D2（DRD2：A1 allele）、单胺氧化酶（MAOA：low-activity allele）、五羟色胺转运体基因（5-HTTLPR：short allele）等。以多动障碍为例，研究者也找到了与该障碍有密切关联的遗传标记，如多巴胺受体 D4（DRD4：7-repeat allele；T allele）、多巴胺受体 D5（DRD5：148-bp allele）、五羟色胺转运体基因（5-HTTLPR：long allele）等。

这类研究迅速帮我们累积了与各类发展障碍相关的风险基因。这意味着，凭借越来越便捷的基因检测，我们可以迅速地从人群中筛查出各类发展障碍的高危群体。如果及时给予干预，他们或许可以避免体验发展障碍这类"成长的烦恼"。所以，这只是科学探索的起点，未来依然任重而道远。

总的来说，先天的基因和后天的环境就像八卦图中的阴和阳，相辅相成，不可分割；两者的边界变得越来越模糊。不过，关于基因和环境的很多研究依然遵循它们既有的轨迹，就像两条平行线，自顾自地前行，固执地忽略对方的重要性。幸而有越来越多的基因和环境的交互研究不断地刷新我们的认知，给我们带来重要的启示：在考虑儿童、青少年发展障碍时，对基因的关注和对环境的关注缺一不可。

一方面，如果单纯关注基因的影响，忽略环境的作用，就会大大降低研究结论的科学性和解释力。例如，我们就无法解释为什么携带同样的抑郁易感基因，只有部分儿童、青少年会发展出抑郁情绪。

另一方面，如果单纯关注环境的影响，对结果的解读也可能产生偏差。例如，以往的很多研究都告诉我们，父母离婚会对儿童发展产生不良的影响，是儿童、青少年发展出行为问题的一个重要诱因。但这些研究绝大部分没有考虑到基因的作用，其研究结果是有局限性的。我们无法确定，究竟是父母离婚事件本身给孩子造成了创伤，还是这些孩子遗传的易感基因在"父母离婚"这个创伤事件的作用下被激活了，从而催生了孩子的适应不良。看起来，这两种解释都说得通。只有将基因和环境这两个方面同时纳入研究设计中，我们才能明确哪一种解释更接近事实的真相。

气质：与生俱来的先天差异

也许你已经注意到，孩子们都不太一样，每个孩子都有独特的个性。有的安静沉稳，有的活泼好动，有的随和友善，有的暴躁易怒……让人吃惊的是，即便是亲生的兄弟姐妹，也会有极具个人特色的鲜明个性。有时，兄弟姐妹的个性甚至会截然相反。心理学家把这些个性特点统称为"气质"（temperament）。气质在很大程度上反映了孩子们与生俱来的先天差异，这些差异会通过他们的情绪表现、行为、注意反应、自我调节等体现出来，对孩子的成长有重要的塑造作用。

发展心理学中有一个经典的争论：儿童和其所处的成长环境是怎样的关系？一种假说持被动观，认为儿童只能被动地接受成长环境的影响，没有任何话语权。与之相反，另一种假说强调儿童的主动性，认为儿童并不是环境影响的消极接受者，而是会以自己的方式主动地选择、影响成长环境。后者还认为，具有鲜明个体印记的气质就是儿童通过主动塑造成长环境来影响自我发展的一个典型方式。

让我们想象这样两个孩子：一个孩子性格乖张、孤僻，总是顶嘴，凡事都和父母对着干，让父母头痛不已。毫无疑问，在大多数情况下，父母会下意识地倾向于用严厉、粗暴的方式来管教这个孩子，期望用这种高压的方式让他乖乖地听话。而另外一个孩子乖巧、温顺，从不忤逆父母。与这样的孩子互动无疑是一种享受，无论是父母还是他人，都更可能和颜悦色地对待他。

我们不妨这样理解，这两个孩子的不同遭遇并非偶然。被各自独特的气质所驱使而展现的性格特点，在很大程度上决定了他们会得到他人怎样的回应。换句话说，他们"主动"选择了成长环境。"主动"并不意味着孩子有意为之，恰恰相反，绝大多数情况下，孩子并不会认识到自己的性格特点能有这么大的作用，更不会因此而刻意收敛锋芒或自我伪装。这里的"主动"主要强调了一种对成长环境的积极影响。

气质相对来说是比较稳定的特质。研究者对儿童进行了长达几年的追踪研究，发现气质的不同方面在婴儿期、童年期甚至成年期都较为稳定。虽然会有些许程度变化，但总的来说，婴儿期害怕陌生人、新环境的孩子，即便在多年以后，也会呈现类似的特点；而婴儿期就爱笑、喜欢新事物的孩子，长大后也很可能依然是一个给人传播温暖的"小太阳"。这些发现让人们倾向于将气质看作一种稳定的人格特质。

心理学家对什么是气质并没有异议，却对如何划分气质类型提出了很多种不同的看法。其中，美国俄勒冈大学的罗斯巴特（Mary Rothbart）教授提出的气质类型受到了较多关注和肯定。她认为，幼儿的气质可以从以下六个方面进行区分和判断。

- 恐惧性：孩子在新环境、新刺激面前，会显得很警觉、不安，有回避、退缩的倾向。
- 易激性：孩子面对挫折时会很沮丧，大哭大闹，反应强烈。
- 活动水平：孩子的活动量很大，肢体运动很多。
- 积极情绪：孩子经常笑，愿意亲近他人，对待他人较友善。
- 注意广度：孩子对感兴趣的物体、事情较为专注，能坚持。
- 节律性：孩子的进食、睡眠等机体功能较规律。

罗斯巴特教授的气质类型划分虽然关注了孩子日常生活的方方面面，非常细致，但这对研究者来说就不太友好了。如果研究者关注的是更全面的气质表现，而不仅仅是局部的情绪、注意广度等，这个细致的气质类型就没有用武之地了。于是，有研究者提出，是不是可以对气质进行更广的划分？

第五章　发展障碍的先天因素：生理决定论靠谱吗？

托马斯（Alexander Thomas）教授和切斯（Stella Chess）教授的简化版气质分类应运而生，回应了研究者的需求。他们将气质简化为以下三个广义的类别，列出简明扼要的辨别标准。

- 容易型：这类孩子通常具有积极的性情，身体功能运作规律，对新环境、新事物有很强的适应能力。他们的情绪通常较为积极。
- 困难型：这类孩子通常更为消极，对新环境、新事物的适应能力较弱，面对新环境会倾向于退缩。他们的情绪反应通常较为激烈，且较难被安抚。
- 慢热型：这类孩子通常不太活跃，对周遭事物的反应较为冷淡。他们也通常较为消极，在新环境中倾向于退缩。

简化版的气质分类一经推出便广受欢迎，成为研究儿童气质的必备理论工具。这个气质分类也被顺理成章地应用到儿童、青少年发展障碍领域。近年来，关于气质会不会影响儿童、青少年发展障碍的研究层出不穷。因为气质具有生物学基础，受多巴胺、杏仁核激活（如左侧的杏仁核激活大多与消极情绪有关，而右侧的杏仁核激活大多与积极情绪有关）等的影响，我们通常认为人与人之间的气质差异绝大部分是由先天因素决定的。

气质在儿童、青少年发展障碍中扮演了怎样的角色？不同的气质类型又如何影响发展障碍？研究者认为两者的关系可以从不同的角度来看待。例如，气质可能直接与儿童、青少年发展障碍有关联；气质也可能是发展障碍的风险因素，通过与成长环境相互作用，共同影响发展障碍的形成。接下来，我们分别从这两个角度了解气质和发展障碍之间"横看成岭侧成峰"的微妙关系。

首先，一些研究者认为气质和发展障碍有直接的关联。他们提出"差异性联系"的假说，认为气质的不同维度，或者说不同方面，会与不同类型的发展障碍挂钩。例如，我们之前提过气质的一个维度是恐惧性。具有高恐惧性的孩子总是会为莫须有的危险担惊受怕，因为害怕新环境、新事物而倾向于排斥、躲避它们，这类气质特质被认为与焦虑障碍有直接的关联。

又如，高易激性的孩子往往脾气不太好，容易和父母、老师、同伴产生摩擦和矛盾。顺理成章，这类孩子的人际关系往往会亮起红灯。糟糕的人际关系会孕育不良的情绪、行为，使孩子更可能出现行为问题。

说到这儿，还有一个值得注意的现象是，看似表征截然不同的多种发展障碍之间通常会存在很高的并发性。也就是说，有时在同一个孩子身上，会同时存在多种不同的发展障碍。内化问题和外化问题就是一个典型的例子。虽然内化问题的主要表现是以抑郁、焦虑等为代表的内在症状，而外化问题的主要表现是以攻击他人、忤逆等为代表的外在症状，但这并不妨碍它们的高并发性。之前维尔纳等人的一项研究甚至表明，在有攻击行为征兆的高危儿童群体中，从幼儿园开始，有约 48% 的儿童会有并发的内化、外化问题。

我们并不清楚为什么这两种风马牛不相及的问题能够兼容，同时出现在儿童、青少年身上。一个可能的解释是，这也许与气质特点有关。具体地说，气质中的负面情绪性（negative emotionality）和困难型气质同时和儿童的内化问题与外化问题有密切关系。因此，有研究者认为，具有较高负面情绪性的儿童、青少年可能会同时出现内化问

第五章 发展障碍的先天因素：生理决定论靠谱吗？

题与外化问题。

另外一个可能的解释是，内化问题与外化问题都与气质中的低自我控制相关联，是低自我控制同时驱动了这两类问题。细细想来，这个可能性也有一定的道理。一方面，自我控制水平较低的儿童、青少年可能无法有效地抑制自己的想法，总是忍不住去想让他们觉得紧张、害怕的事情，越想越怕，越想越焦虑，最终陷入焦虑的泥沼；而自我控制水平较高的儿童、青少年，可能会通过转移注意力等方式不去想那些让他们感到不适的事情，也因此更能抽身而出，不受干扰。另一方面，自我控制水平较低也会使一些儿童、青少年无法有效地抑制自己的行为，更可能因为一时冲动或没忍住而出现打人等攻击行为，这种情况在自我控制水平较高的儿童、青少年身上就不太可能发生。综合以上两方面的信息，或许并发性的内化问题与外化问题更可能在自我控制水平较低的儿童、青少年身上出现。

其次，有研究者着眼于厘清气质和成长环境如何共同作用，一起影响发展障碍的形成。例如，具有较高负面情绪性的儿童、青少年会增加父母的养育压力，让父母更可能采用粗暴、敌意的管教方式。在较高负面情绪性和糟糕的教养环境的共同作用下，儿童、青少年会成为发展障碍的高危群体。但如果他们比较幸运，能够得到父母耐心、积极地安抚与引导，结果很可能迥然不同。

在气质的多个维度中，最让研究者关注的恐怕要数负面情绪性、正面情绪性和自我控制这三个维度。基于这三个维度的心理学研究已经为我们揭示了一些值得深思的问题：性格上的短板会增加儿童、青少年患发展障碍的风险，但它同时会和儿童、青少年的成长环境相互作用，一起影响发展障碍。换句话说，性格有短板的儿童、青少年如果在不理想的环境中成长,会极大地增加他们患有发展障碍的风险,让患有发展障碍成为他们人生中的大概率事件;而积极、阳光的成长环境会成为他们的保护伞,缓冲、弥补性格上的缺陷,极大地降低患有发展障碍的概率。

基于气质的研究给我们的启示是,气质固然会在一定程度上塑造我们的言行举止,从而直接影响我们的命运,但这种影响并不是决定性的,成长环境会在其中起到不可忽视的作用。或者可以这么说,有不讨喜气质的孩子更需要我们温柔以待。一个温暖、积极的成长环境对他们来说尤为重要,因为环境很可能改变他们的人生轨迹。

第六章

抑郁障碍：快乐走丢了

经过多年的普及，抑郁障碍逐渐走入大众的视野。在抑郁障碍的公众认知度不断攀升的同时，大众对抑郁障碍的理解却并没有走得很远，大多数人的了解只停留在名字本身，知道有这样一种精神障碍存在。相关知识的匮乏使得围绕抑郁障碍的污名和迷思从未消散，甚至有增无减。

有人说，抑郁障碍就是精神病的时髦名称，挂着羊头卖狗肉；有人说，抑郁障碍就是矫情，想要找个借口得到他人的关注；也有人说，抑郁障碍能有多严重？患抑郁障碍的人就是太脆弱了，一定有一颗玻璃心，不能忍受生活的风吹雨打。这些人会认为，儿童、青少年怎么可能被抑郁症状困扰？即便有，也一定是他们装出来用来胁迫父母、老师的小心机和小手段，不值一提，更无须关注。

其实，抑郁障碍的确是一种疾病，并不是患者的矫情或臆想。患上抑郁障碍，就好像生活陷入永夜，没有快乐，没有激动，没有希望。而且，抑郁障碍并不是成人专属的，其首次发病年龄日益年轻化，儿童、青少年也需要寻求专业人员的诊断、治疗和干预。

2020年10月的《三联生活周刊》刊登了一个案例：

2015年，正在读初三的兜兜被首次确诊为重性抑郁障碍，需要住院治疗。兜兜对这个诊断的反应有些异于常人，她居然异常激动，因为她觉得终于有人能够理解她这些年来内心的挣扎与苦痛了。用她的话说："至少有人告诉我，我不是没事找事，我不是自己作死，我不是不爱自己，我只是病了。"

在别人的眼中，兜兜无疑是"别人家的孩子"，她勤奋刻苦，成绩优异，一切都让人艳羡。可是，只有兜兜自己知道，对成绩的苛求让她越来越窒息。为了"全校第一"这个目标，兜兜天天凌晨三四点起床，在装了声控灯的厕所学习。考试成绩稍不如意，她就会愤怒地撕掉考卷，以自残的方式进行自我惩罚。班主任发现了兜兜的异常行为后，建议兜兜去学校的心理咨询室求助。在几次面谈中，兜兜记得心理咨询师反反复复地强调："你没有病，你就是不爱自己。"与咨询师聊天非但没能提供帮助，反而使兜兜更加焦虑与困惑，症状也日渐严重。

兜兜的经历并非个例，折射出"别人家的孩子"共同面临的心理困境。很多外表听话乖巧、品学兼优的孩子往往会自觉地背负起家庭、自我的期望，不论这些期望是否合理，能不能承受。而心理的失衡往往来自期望与现实的落差，落差越大，失衡越猛烈。难以企及的目标和看似徒劳无功的努力会慢慢摧毁他们的心理防线，日复一日，内心就会被巨大的内疚感、无力感吞噬，默默地独自承受痛苦。长期的心理挣扎与痛苦恰恰是青少年抑郁障碍、焦虑障碍的早期症状之一。

这种经年累月的痛苦还往往具有隐秘性，他人不易察觉，这也为早期的干预制造了困难。等家长、老师发现蛛丝马迹时，孩子的症状已呈现井喷之势。

研究发现，近年来，抑郁障碍在儿童、青少年中的检出率有不断升高的趋势。澳大利亚的检出率为 12.1%，瑞典为 11.4%，我国针对儿童、青少年抑郁障碍的流行病调查研究较稀缺，零星的研究发现，在我国部分地区，青少年抑郁障碍的检出率高达 22.81%。多个国家的研究表明，在 13—18 岁的青少年中，抑郁障碍的发病率为 2%—13%；在 7—12 岁的学龄儿童中，发病率为 1%—3%；甚至在学龄前儿童中，都有 1% 的发病率。这些高低不同的发病率一方面反映了抑郁障碍在各个国家中的差异，另一方面也可能与研究中应用不同诊断标准和测量方法有关。

无论如何，这些触目惊心的数字浓缩了无数儿童、青少年看不见、摸不着，却实实在在正亲身体验的挣扎与噩梦。

不幸的是，抑郁障碍仅仅是儿童、青少年在成长的路途中可能经历的发展障碍中的一种。与近年来知名度不断上升的抑郁障碍相比，其他发展障碍就显得更神秘，更不为人知了。

抑郁情绪不等于抑郁障碍

"抑郁"可不是一个新生的词语。早在 19 世纪中期，人们就已开始用"抑郁"这个词来描述低落的情绪。我们在日常生活中也常常会用"抑郁"来表达内心的失落或悲伤："这次考试又没通过，我很抑郁。""这次足球比赛又没出线，我很抑郁。"这些语句中的"抑郁"不过是伤心或不开心的同义词，仅仅代表了陈述者当时短暂的情绪状态，不一定意味着他真的有抑郁倾向。这种状态往往是对当下事件的反应，正常情况下，无论是考试没过还是比赛失利，引发的悲伤、消极情绪都不会徘徊太久，很快就会烟消云散，我们把这类短暂的消极情绪体验称为"抑郁情绪"。

抑郁情绪极为常见。在人生的低谷中，大部分人或多或少都会在某个时刻体验过抑郁情绪，感叹命运的捉弄，哀叹生活的无常，觉得自己的生活就是一个大写的失败。在《情绪是什么》一书中，作者弗拉泽托（Giovanni Frazzetto）形象描述了这种消极的心境："我们好像坠入消极情绪中，感到身边的一切都失去了活力和意义，一切似乎

第六章 抑郁障碍：快乐走丢了

都在某种不知哪来的重力的作用下不断地下沉、坠落。这是向下的运动，彻底的痛悔，从内部开始的枯萎。"

这种消极的心境就是抑郁情绪，只不过在大多数时候，它就像夏天午后的雷阵雨，来势猛烈却来去匆匆，很快就无迹可寻。

偶尔，抑郁情绪也会影响人们的正常生活。在严重的情况下，被抑郁情绪困扰的人会短暂地丧失快乐的能力，对生活、他人失去兴趣，看不到生活的目的和意义，在漫漫长夜中彻夜无眠……没错，体验快乐是一种能力，一种人类与生俱来的美好天赋。很不幸，抑郁情绪会让人丧失大部分人习以为常的体验快乐的能力。

短暂的抑郁情绪是正常且常见的，大多数情况下会很快消散；而挥之不去、程度持续加深、症状持续恶化的抑郁情绪，却可能是噩梦的开始，是抑郁障碍的先声。

抑郁障碍是情绪障碍的一种，会对个体的正常功能产生严重而深远的损害，在极端情况下，还可能让个体付出生命的代价。

虽然抑郁障碍听起来像一种单独的心理疾病，但事实上，它是一大类心理疾病的统称。如果细分，抑郁障碍的大类中至少包含四种心理疾病——重性抑郁障碍、持续性抑郁障碍、经前期烦躁障碍和破坏性心境失调障碍。其中，重性抑郁障碍受到了较多的关注，也是儿童、青少年群体中更为常见的疾病。我们通常说的"抑郁症"在很多情况下就是指重性抑郁障碍。

《精神障碍诊断与统计手册》的第五版（DSM-5）对重性抑郁障碍的诊断给出了明确的描述。如果一个人几乎每天（并且至少持续两周）出现至少 5 种下述症状，就可以诊断为重性抑郁障碍。这些症状包括：

- 抑郁心境或悲伤；
- 对曾经喜欢的活动失去兴趣；
- 体重的突然、异常变化，食欲下降；
- 失眠（入睡困难）或嗜睡（睡得过多）；
- 感到不安或烦躁，言语和运动迟缓；
- 感到疲乏、失去能量；
- 无价值感或内疚；
- 难以集中注意力或作决定；
- 经常想到死亡或自杀，计划自杀或企图自杀。

DSM-5认为抑郁心境或悲伤、对曾经喜欢的活动失去兴趣是抑郁障碍的核心症状，患者必须表现出其中之一，并且上述症状伴随着巨大的痛苦或损害社交等正常功能。

此外，抑郁障碍在不同年龄段会有不一样的表现形式。例如，与悲伤相比，易激惹才是较年幼的抑郁障碍患者更可能出现的症状。有抑郁倾向的儿童、青少年可能脾气暴躁，会毫无征兆地因为一些小事大发脾气，甚至会对父母拳脚相向等。

虽然儿童、青少年抑郁障碍的表现形式多种多样，但在诸多症状中，自杀吸引了较多研究者的关注。这或许是因为自杀这种极端症状以惨烈的方式不停地提醒我们，抑郁障碍会真真切切地影响本该无忧无虑的儿童、青少年，他们需要及时被看见、被听见、被理解、被帮助。

事实上，在有抑郁倾向的青少年当中，自杀想法较普遍存在，并不是小概率事件。有研究发现，在社区样本中，大约有15%—25%的有抑郁倾向青少年出现过自杀想法，最终有1%—4%的男生与

1.5%—10%的女生会付诸实施。在临床确诊抑郁障碍的青少年中，这一比例更是触目惊心。

或许你会觉得疑惑，以上两组数字为什么会有这么大的差别？这是因为第一组数字来自社区样本。与临床样本中的青少年相比，社区样本中的青少年通常会有较低的抑郁水平。另外，研究者测量抑郁程度最常用的量表为《儿童、青少年抑郁自评量表》（Children's Depression Inventory，CDI）和《流调中心用抑郁量表》（Center for Epidemiologic Studies Depression Scale，CES-D）。这两个量表虽然较可靠，但不能替代临床诊断，结果会与临床诊断有一些出入。基于这些原因，采用临床样本的研究会报告更高的自杀想法与行为比例也就不足为奇了。值得一提的是，我们现在掌握的很多关于抑郁障碍的知识其实都来自对社区样本的研究。

为什么患有抑郁障碍的青少年会出现自杀想法和行为呢？有研究者认为，这可能是因为他们更倾向于贬低自我的价值，不能体验到生活的乐趣，也看不到生活的意义。青少年本身思辨能力较弱，遇到问题时欠缺对前因后果的全盘考虑，更容易钻牛角尖、冲动行事。这些因素一旦叠加，就可能产生危险的化学反应，催生毁灭性后果。

根据ICD-11，在抑郁障碍的诊断标准中，核心症状包括：

- 日常的抑郁心境，且持续至少两周以上；
- 对事物的兴趣、快感下降。

其他症状包括：

- 难以集中注意力；

- 无价值感；
- 绝望感；
- 出现有关死亡和自杀的念头；
- 食欲下降；
- 睡眠困难；
- 缺乏活力，总是觉得很累；
- 躯体反应迟缓。

ICD-11和DSM-5的诊断标准有什么差别呢？在ICD-11中，抑郁障碍虽然也被视为一个大类，却包含不同的分类，如单个发作期抑郁障碍（single episode depressive disorder）、持续性抑郁障碍（recurrent depressive disorder）、间歇性抑郁障碍（dysthymic depressive disorder）、混合型抑郁和焦虑障碍（mixed depressive and anxiety disorder）等。ICD-11的抑郁障碍诊断标准包括持续至少两周以上的日常抑郁情绪和对周遭事物的兴趣、快感的下降这两大核心症状，以及其他若干个影响个体日常身心、社会功能的症状。

比对DSM-5和ICD-11的抑郁障碍诊断标准，你会发现两者基本一致，抑郁心境和兴趣、快感缺失被不约而同地提名为抑郁的核心症状，对主要症状的描述也大致相符。可见，不论参照哪个体系，抑郁障碍的诊断标准目前都较为统一。

抑郁障碍的发病人群呈现年轻化的趋势，在儿童、青少年群体中，抑郁障碍的检出率持续升高。同时，在过去的半个世纪中，因抑郁障碍而自杀的青少年也不断增多。一方面，这些持续走高的数字可能反映了抑郁障碍在年轻群体中变得越来越常见。另一方面，它们也可能反映了父母、老师以及整个社会对抑郁障碍的认知度越来越高，使得更多抑郁障碍案例得到了及时的关注和诊断。

青春期是重性抑郁障碍首次发病的最常见时期。虽然不同研究报告的首次发病年龄有些许出入，但基本上都集中在青春期，尤其是青春期的前期（13—14岁）和中期（15—16岁）。

首次发病年龄可以透露很多额外的信息。有的研究者认为它或许是解密抑郁障碍病程的一个关键线索；还有的研究者认为我们可以按照首次发病年龄划分不同种类的抑郁障碍。童年期首次发病的抑郁障碍和青春期首次发病的抑郁障碍在很多方面有明显的差异。例如，青春期首次发病的抑郁障碍在持续性上都较为雷同，没有太多差异；而童年期首次发病的抑郁障碍在病程上会有较大的个体差异。

总体来说，基于现有的这部分证据，除了少数特别情况，儿童期发病的抑郁障碍可能仅仅代表了儿童在社交、情绪等功能上的适应不良，通常并不会发展成后期的持续性抑郁障碍。当然，也有一部分儿童期抑郁障碍会逐渐转换成其他的障碍，如双相障碍等。

与成人抑郁障碍类似，青春期的抑郁障碍具有较高的复发性。这一部分的研究结果非常统一，以至于有些研究者提出这样的假说：成年期的抑郁障碍在本质上可能就是持续复发的青春期抑郁障碍的延续。虽然部分儿童、青少年会在接受治疗后的几个月内康复，但也有30%—70%的患者会在人生的某一节点复发。尤其是那些家族有抑郁障碍的遗传史，或经历压力生活事件的儿童、青少年，他们更可能经历抑郁障碍复发。

确诊抑郁障碍的儿童、青少年还可能同时患有其他一种或多种障碍，其中最常见的要数焦虑障碍了。大约39%的青少年会同时确诊这两种障碍，难怪 ICD-11 单独将混合型抑郁和焦虑障碍列为抑郁障碍的一个门类。除了焦虑障碍外，确诊抑郁障碍的儿童、青少年还可能并发破坏性和品行障碍（约 27%）或注意缺失／多动障碍（约 33%）。

并发多种障碍是一个不折不扣的坏消息——情况会更严重，后续治疗更困难，同时还会有更高的自杀率。这类儿童、青少年是高危群体，需要特别关注。

性别差异：女性更容易抑郁

研究者对于发展障碍的性别差异有浓厚的兴趣。虽然对于大多数其他障碍，性别差异并没有清晰地浮现出来，但在抑郁障碍的检出率上，研究者找到了支持性别差异的有力证据。多个研究结果一致表明，从青春期开始至成年期，抑郁障碍在女性中的检出率远远超出男性，是男性检出率的 2 倍以上。也就是说，女性比男性更容易抑郁。

为什么女性更容易抑郁呢？这种性别差异反映了生理、环境层面多种风险因素的共同作用。无独有偶，从青春期开始，性别差异在多方面开始显现出来（如激素、压力及其应对、人际联结等），它为抑郁障碍在女性中的高发埋下了伏笔。这一时期女性还容易遭遇人际层面的冲突和问题，会进一步提高她们产生心理问题的可能性。

研究者提出很多理论模型，试图解释这种性别差异。美国威斯康星-麦迪逊大学的海德（Janet Shibely Hyde）教授及其同事整合了已有的诸多假说和实证证据，提出了一个青春期抑郁性别差异的 ABC 模型（图 6-1）。ABC 模型里的 A 代表情绪，B 代表生理，C 代表认知,这个模型就是用这三种因素的英语首字母来命名的。他们认为,女性之所以会成为抑郁的易感人群,是因为她们在情绪、生理和认知这三个方面都具有更高的易感性。

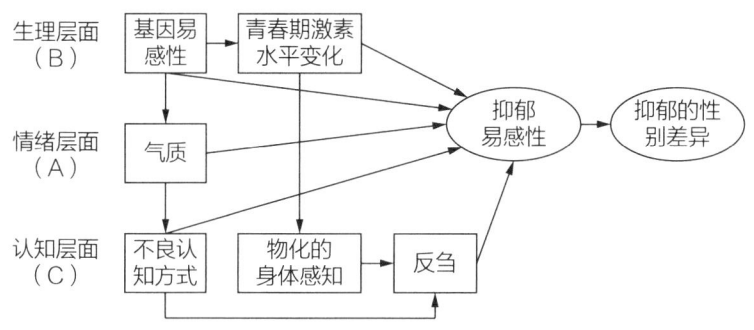

图 6-1 解释抑郁性别差异的 ABC 模型

具体地说,在情绪层面,女性通常情感较丰富,更可能紧张、焦虑、发脾气、生闷气等,这些都是抑郁障碍的易感因素。

在生理层面,女性在青春期会经历激素水平的巨大变化,这种变化使得她们对群体归属有更迫切的心理需求,需要找到并融入朋友圈。与童年期纯粹的同伴关系相比,青春期朋友圈中的人际关系往往更复杂、更微妙。当出现人际关系危机时,女性更可能沉浸在消极的人际关系中,而不是适时抽身而出,想出合适的解决方案。即便闺蜜情深,朋友圈坚如铁桶,也未必是好事。例如,和闺蜜一起吐槽之前发生的不快之事,其实是一个共同反刍的过程,或许可以逞一时的口舌之快,却在不知不觉中让抑郁的脚步越来越近。

在认知层面,女性更注重外貌,也更可能对自己的外形条件不满。过度关注这些会导致自我贬低和否定,降低自尊水平。女性还更经常反刍,一遍遍地在脑海中重播不愉快事件。她们还容易形成一些不良的归因方式,错误地解读周围的人和事。以上这些都会在认知层面推动抑郁障碍的形成。

易感性:抑郁障碍的幕后推手

什么样的儿童、青少年容易抑郁?换个问法,哪类人是抑郁障碍的高危人群?这个问题其实就涉及我们所说的"易感性"。要详细地描述与抑郁障碍相关的易感性,要从多个方面着手。接下来,我们会从生理因素、环境因素、情绪因素和认知因素这四个方面入手,分别描述儿童、青少年的哪些特点会让他们成为抑郁障碍的易感人群。

影响抑郁障碍的生理因素

虽然 DSM-5 和 ICD-11 的抑郁障碍诊断标准不约而同地围绕行为、情绪表现展开,但研究发现,抑郁障碍患者和健康人在脑功能上也有明显差异。

有研究发现,与健康人相比,患有抑郁障碍的儿童、青少年在脑结构上有明显不同。例如,他们的额叶体积明显更小,而额叶对我们以目标为导向的计划、行为控制等有重要作用。除了额叶之外,在杏仁核、海马体、腹侧纹状体、前扣带回、眼眶额叶皮层等区域也存在着结构异常。

以杏仁核为例,很多研究表明,患有抑郁障碍的儿童、青少年的杏仁核体积更小,较小的杏仁核往往会出现更高程度的激活。例如,研究者让这类青少年观看一组他人的面部表情图片,在观看图片的同

第六章 抑郁障碍：快乐走丢了

时同步扫描他们的大脑。结果发现，当看到他人害怕的面部表情图片时，他们的杏仁核区域出现了更高程度的激活。

不过，这种脑结构和功能联结方面的异常究竟是怎么出现的，研究者并不确定。我们不知道这些异常究竟是出生后受消极环境的影响而逐渐习得、产生的，还是受基因影响出现的，抑或兼而有之。虽然这方面的证据正在逐渐累积，但迄今为止，它们还没能帮助我们得出一个确切、可靠的结论。

另外，抑郁障碍患者的神经递质与健康人群相比也存在明显的差别。举个例子，抑郁障碍患者大脑中血清素（serotonin）浓度明显更低。血清素就像一个信使，在神经细胞之间起到传递信号的作用。这种神经递质不仅与我们的食欲、清醒与睡眠等生物节律息息相关，还与情绪体验有紧密的关系。大脑中血清素含量过低会导致焦虑不安、易怒，对快乐和幸福的感受性也会下降。

这是一个当时让许多研究者激动的发现，"血清素假说"应运而生：研究者认为，大脑中血清素浓度低可能是形成抑郁障碍的罪魁祸首。很快，人们便根据这个假说研制出专门治疗抑郁障碍的药物。这种药物试图通过抑制神经细胞对血清素的摄取来延长释放出的血清素在大脑中逗留的时间，从而提高大脑中的血清素浓度。制药公司还给这种药物起了个寓意美好的名字——"百忧解"（Prozac）。令人遗憾的是，这似乎并不是故事的结尾。

后续的更多研究表明，血清素浓度低只是抑郁障碍诸多诱因中的其中一个，并不是唯一的诱因。另外，虽然血清素浓度低已被认为与成人的抑郁障碍有直接的关联，但它在儿童、青少年抑郁障碍中是否扮演同样重要的角色还不是那么确定。相关的研究给我们带来不一致的结果，我们需要更多的研究来进一步确认血清素浓度和儿童、青少年抑郁障碍的关系。

除了血清素，儿童、青少年抑郁障碍还与皮质醇（cortisol）分泌水平有关。皮质醇有个别名叫"压力荷尔蒙"。在压力情境中，人体会大量分泌皮质醇。你马上要做一个重要的口头报告，你在等待面试的结果，你在登录网站查阅国考成绩……此时你的身体就会分泌皮质醇来应对压力。正常人一天中的皮质醇水平会呈现较一致的高开低走模式（图6-2）。通常早晨时皮质醇水平相对较高，这是身体在为起床和一天的繁忙工作作准备。所以，其实每天叫醒我们的不是梦想，而是我们的身体节律。随后，皮质醇水平一路下行，到睡眠时到达最低点，这能让我们平静下来，更好地进入睡眠状态。

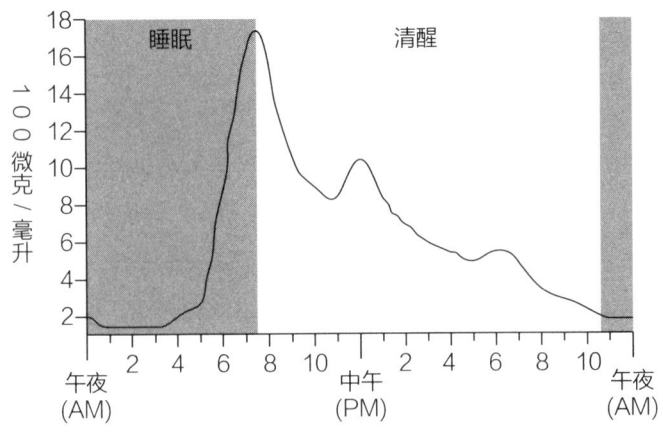

图6-2 健康人皮质醇水平一天中的变化

与健康人相比，有将近一半的抑郁障碍患者在皮质醇水平上有明显的异常。这体现为抑郁障碍患者不仅基线皮质醇水平较高，而且在压力应对中的皮质醇水平也相应较高。同时，其皮质醇水平不会像健康人一样，有一个明显的下降过程。持续走高的皮质醇水平会让抑郁障碍患者在生理上始终处于唤起的状态，使他们觉得精疲力竭。

皮质醇水平走高似乎能够衡量患者的抑郁程度。研究者发现，皮质醇水平越高，患者就越抑郁。皮质醇水平和抑郁程度之间的紧密关系让人们作出了这样的假设：走高的皮质醇水平或许也是抑郁障碍的一个重要诱因。不仅仅基于成人案例，研究发现，在患有抑郁障碍的儿童、青少年身上，也存在相似的模式。

此外，父母的抑郁情绪会影响孩子的皮质醇水平。如图6-3所示，英国牛津大学的曼尼（Zola N. Mannie）博士发现，父母越抑郁，

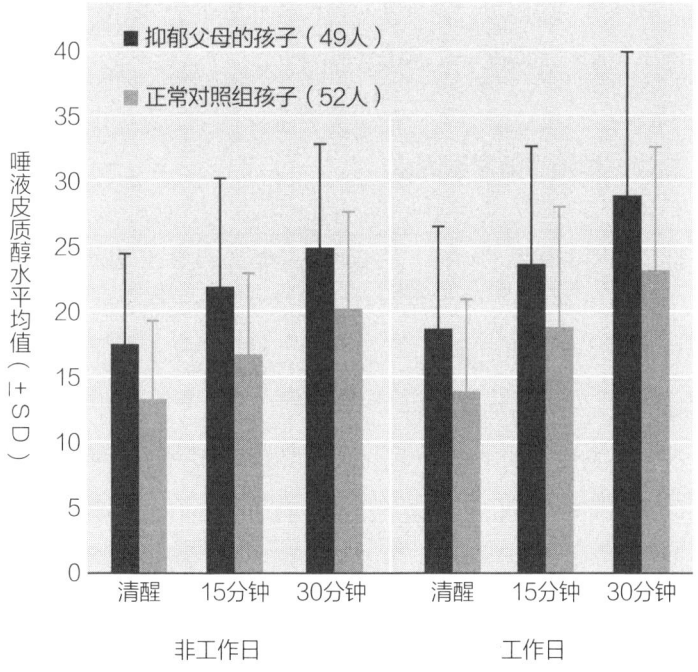

图6-3 抑郁父母的孩子与正常对照组孩子的皮质醇水平
（Mannie et al., 2007）

孩子早晨醒来时及醒来后 15 分钟、30 分钟的皮质醇水平越高（左侧柱子代表抑郁父母的孩子，右侧柱子代表正常对照组孩子）。可以看出，这些孩子的基线皮质醇水平相对较高，这种趋势在工作日和非工作日都存在。研究者还发现，走高的皮质醇水平在孩子出现抑郁情绪之前就已存在。

基于追踪研究的更多证据同样表明，早期较高的皮质醇唤醒反应性（cortisol awakening response）会预测青少年一年后甚至两年半后的抑郁障碍发病。不过，皮质醇对抑郁障碍的预测能力似乎会随着时间的拉长而减弱，当时间跨度长达四年以上时，它的预测就不太靠谱了。这些研究结果进一步确认异常的皮质醇水平至少在短期内是儿童、青少年抑郁障碍的一个诱因。

影响抑郁障碍的家庭因素

抑郁障碍就像流感一样，会在家庭中悄无声息地蔓延。如果父母是抑郁障碍患者，他们的孩子就会是抑郁障碍的高危人群，可能在人生的某个阶段产生抑郁障碍或其他问题。为什么它会在家庭中传播？它是如何从父母传递给孩子的？

很多人脑海中的第一个反应是，抑郁障碍是不是会遗传？没错，遗传因素是抑郁障碍的一个重要推手。有研究者提出这样的假说：与成年期发病的抑郁障碍相比，儿童期发病的抑郁障碍更依赖遗传因素的作用。他们的这一假说主要基于这样的证据：首先，儿童期抑郁障碍的稳定性很高，患儿成年后也更可能被抑郁困扰。其次，这些患儿的亲属患抑郁障碍的比例相对来说也会更高。与健康儿童相比，患儿

第六章 抑郁障碍：快乐走丢了

亲属中有至少一位确诊抑郁障碍的比例要整整高出 4 倍。

遗传因素在抑郁障碍的形成中到底起多大的作用？研究能否给我们提供一个确切的数字？很遗憾，采用不同方法的研究给出的答案不太一样，更尴尬的是，差距还有些大。这部分是因为不同研究采用不同的工具测评抑郁程度。虽然量表施测是研究中最常用的方法，不过有的研究采用了由父母报告的量表，有的则采用了儿童、青少年自评的抑郁量表。

我们不妨用一个区间来概括。采用父母报告的抑郁测评量表的研究发现，遗传在推动形成抑郁障碍中的作用比例大致在 30%—80%。其中，除了一个研究，其他大部分研究报告的数值均在 50% 以上。如果取这个区间的最小值 30%，就意味着遗传因素的作用较小，后天的环境因素无疑起主导作用。反之，如果取这个区间的最高值 80%，那就是一个完全不一样的故事。遗传因素在抑郁障碍的形成中起决定性作用，后天成长环境的优劣似乎没有太大的影响。

采用儿童、青少年抑郁自评量表的研究结果有更大的差异性，遗传在抑郁障碍形成中的作用比例大致在 15%—80%。不过，除了一个研究，其他大部分研究报告的数值都在 50% 以下。这个数字之所以很重要，是因为它会从根本上决定我们如何理解儿童抑郁障碍的致病因素，从而有助于我们设计出有针对性的干预方案，以及判断要将干预的重点放在遗传因素上还是后天的成长环境上。

看到这儿，你也许会疑惑：明明在研究同一个问题，不同的研究结论怎么会出现如此大的差异？如果仅仅用误差来搪塞，肯定没有人愿意相信。可以推测，研究结果的差异在一定程度上体现了共同方法偏差。也就是说，如果父母抑郁和儿童抑郁的程度都由父母来报告，结果就可能出现偏差。例如，如果父母受到抑郁情绪的困扰，更倾向于对自己和孩子作出负面的评价，他们的报告就可能夸大了自己和孩子的抑郁程度，结果就会和真实情况有出入。

除了遗传因素，家庭中的后天风险因素也会推动儿童、青少年抑郁障碍的发生。母亲抑郁就是其中一个重要的风险因素。研究表明，大约20%—40%的抑郁儿童、青少年的母亲同样受到抑郁的困扰。母亲的抑郁情绪对儿童、青少年的影响是重要而深远的，不只体现在当下。母亲抑郁情绪出现的时间越早，对儿童、青少年的危害就相应地越大。这可能是因为生命早期是儿童习得如何调节自己的情绪、如何解读他人的情绪和想法、如何与他人进行良性社会互动等重要人生技能的关键时期，而这些技能的习得离不开父母的情感支持和积极引导。当母亲出现抑郁情绪，她们会沉溺其中，不太关注孩子的健康成长，自然无法很好地胜任养育的工作。如果没有父亲、祖父母等人的积极参与，就可能导致儿童在关键时期没能学习、掌握这些必备技能。

有研究表明，从婴儿期开始，抑郁母亲的孩子已经显露适应不良的征兆。例如，这些孩子会出现更多的负面情绪，也更可能通过扭头、闭眼等方式回避母亲。高频率的负面情绪和社交回避都是适应不良的先兆，可能在后期进一步恶化。从儿童期、青春期直到成年早期，抑郁母亲的孩子都是抑郁障碍、焦虑障碍的高危人群，比正常母亲的孩子更可能出现林林总总的问题。

值得一提的是，我们已知的这部分研究结果绝大部分都是西方学者完成的，采用了西方人群作为样本。考虑到中西方在国情、家庭角色分工、育儿等方面都有不可忽略的巨大差异，我们并不确定基于西

第六章 抑郁障碍：快乐走丢了

方样本的这些研究结果是不是适用于理解中国家庭的现状。

例如，在西方家庭中，角色分工通常较明确。孩子出生后，母亲更可能选择辞职，全职在家承担照顾孩子的任务，成为孩子的主要照顾者。母亲有更多的时间和孩子待在一起，对孩子的影响自然会更大。而在中国的城市家庭中，70%以上存在祖父母直接参与育儿的情况。有的祖父母对孩子的影响力甚至会超越父母，代替父母成为孩子的主要照顾者。祖父母参与育儿这一独特的社会现象可能会对母亲抑郁及这件事对孩子的影响都产生一定的作用。从坏的方面说，祖父母通常会和小家庭共同居住。父母和祖父母的育儿理念、育儿方法、生活习惯等难免会有分歧，这些分歧会是导火索，引发家庭内部的矛盾和冲突，而后者会加重母亲的抑郁。当然，祖父母参与育儿并非一无是处，也有值得肯定的积极一面。祖父母承担了大量琐事，减少了原本应当由父母承担的育儿工作和压力；祖父母还可能为抑郁母亲提供情感上的支持和帮助，社会支持会缓解母亲的抑郁。对孩子来说，来自祖父母的温暖和关爱会是重要的保护因素，在一定程度上起到缓冲的作用，减免孩子可能承受的母亲抑郁带来的危害。不过，这些仅仅是合理的猜想，我们需要基于中国家庭的研究来验证祖父母参与育儿对母亲抑郁及孩子来说究竟是福是祸，又或者兼而有之。

母亲抑郁如何危害儿童、青少年的良性发展，让他们成为抑郁障碍的高危人群？美国斯坦福大学的高特里博教授和埃默里大学的古德曼教授长期从事这个领域的研究，曾联合提出一个有关抑郁代际传播的理论模型。他们认为，抑郁的代际传播是多种机制共同作用的结果，有四种可能发挥作用的机制。

第一，遗传因素。对抑郁的易感性可能通过遗传影响孩子，使孩子在生理上具备抑郁易感性，成为高危人群。例如，孩子可能遗传了困难型气质、害羞、退缩、高负面情绪等消极的特质，让他们在人际互动中处于劣势。

第二，先天紊乱的神经调节机制。受母亲抑郁的影响，孩子可能存在先天紊乱的神经调节机制，使他们无法有效地调控自己的情绪。

第三，负面教养。抑郁母亲会对孩子展现负面行为（如暴力、胁迫行为）、负面认知（如倾向于得出不利于孩子的消极判断）和负面情绪。可以想象，与抑郁母亲的互动对孩子来说并不是一种愉快的体验，甚至可能是压力源。这些不愉快的亲子经历会影响孩子，引发孩子的抑郁情绪。

第四，环境压力。抑郁母亲更可能承受来自环境的巨大压力（如贫困、欠缺社会支持等），这些压力会在一定程度上引发孩子的抑郁症状。

以上四个机制都有大量的实证证据，它们对理解母亲抑郁的代际传递机制有重要的启示。抑郁之所以会在家庭中蔓延，固然会受到遗传因素的影响，但也脱不开糟糕的亲子互动和环境毒素的影响。

影响抑郁障碍的情绪因素

崩坏的情绪功能和抑郁障碍有千丝万缕的联系。在各种情绪功能中，加工和调节情绪的能力被认为与抑郁障碍有最直接的关系。抑郁障碍也被认为是一种情绪障碍，即情绪层面的缺陷会在一定程度上推动抑郁障碍的形成。

以青少年抑郁障碍为例，研究者发现，情绪加工方面的缺陷和青少年的抑郁易感性有关。在亲子互动中，不能准确地分辨父母的情绪，以及不能准确地通过面部表情解读父母的情绪（例如，过分夸大父母的愤怒情绪，低估父母的积极情绪和中性情绪等）的孩子，往往具有较高的抑郁易感性，是抑郁障碍的高危人群。

通过面部表情解读他人情绪以及准确感知他人情绪的能力，能帮助我们在人际互动中及时调整行为。看到父母生气了，这意味着行为出了差错，应当收敛；看到父母很开心，这是对行为的鼓励和嘉许。这类能力的欠缺会为人际互动制造障碍。

患有抑郁障碍的青少年还会出现情绪调节方面的缺陷。基于父母报告或自我报告，甚至包括行为观察的结果，都非常一致地表明，这些青少年的情绪调控能力不太理想，特别是在感受到悲伤和愤怒时，更可能情绪失调。

为什么会出现以上这些情绪功能缺陷呢？有证据表明，早期不良的成长环境是其中的一个重要原因，如在儿童期遭遇虐待、父母抑郁等。情绪功能缺陷一旦形成，就可能成为一种特质，较为稳定。就像应对方式假说（response style theory）所提到的，我们的应对方式在很大程度上会被成长环境塑造，一旦形成，就会稳定影响我们的日常行为。例如，在遇到糟心的事情时，你会如何应对？有些人会习惯性逃避，假装什么都不曾发生；有些人会习惯性反刍，让阴影在脑海中挥之不去，甚至反复受伤害。不管是逃避还是反刍，都是消极的应对方式，都与抑郁障碍有千丝万缕的关系。

影响抑郁障碍的认知因素

除了生理因素、家庭因素和情绪因素，与抑郁障碍息息相关的认知因素也是研究者很感兴趣的话题。围绕这个话题有很多相关的假说，认为消极的认知加工对于抑郁障碍的形成和维持都有重要的影响。特别是当生活中出现压力事件时，倾向于进行消极的认知加工的人更可能无法承受生活之重。压力事件本身并不可怕，如果能用积极的方式应对，或许还能化压力为动力。但如果倾向于用消极的方式去解读和应对，进而导致个体自我价值感下降，就可能产生消极的影响，催生抑郁障碍。

在此不得不提的一位研究者就是美国宾夕法尼亚大学的贝克（Aaron T. Beck）教授，他提出了一系列抑郁认知模型（cognitive model of depression），从不同角度解释了推动抑郁障碍形成的认知因素。例如，他认为消极认知加工有非常明显的特点，其模式被称为"图示"（schema）。通俗地说，基于以往的经验，大脑会自动生成图示。这些图示就像说明书，指导着我们解读事件。图示通常会按照主题（如失败、成功、背叛、失去等）分门别类地存放，每当符合该主题的事件发生，脑海中的相应图示就会被激活，指导我们解读相关事件。

图示的存在和应用使得对类似事件的认知加工会趋于自动化。这意味着，我们如何看待事件、赋予其意义会像既定程序一样自动运行。在失败时，有些人会倾向于认为失败是因为自己能力不足，进而产生深深的内疚和自责；在成功时，有些人会倾向于认为这纯粹只是运气好，和自己的努力没有太大的关系。此类解读就是大脑中的图示在起作用。积极的图示会让我们眼中的生活更加乐观和美好；而消极的图示会让人戴上有色眼镜，自动过滤生活的五彩缤纷，眼中的世界便只剩下苍白和灰暗。

第六章 抑郁障碍：快乐走丢了

贝克教授还提出了驱动抑郁障碍的消极认知层面的三辆"马车"，它们分别是自我价值感的沦丧，觉得他人、世界充满了敌意，以及觉得未来毫无希望。这些对自我、世界的消极认知会被压力事件激活，让个体成为抑郁障碍的高危人群。

除了上述抑郁认知模型，美国宾夕法尼亚大学的塞里格曼（Martin E. P. Seligman）教授也提出了一个广受关注的模型——他首次提出"习得性无助"（learned helplessness）这一经典概念。

在一项经典的动物实验中，塞里格曼教授把狗关在笼子里。每次只要蜂音器一响，他就会给狗施以电击。关在笼子里的狗无处可逃，只能承受电击。在经历多次电击之后，蜂音器一响，即便他把笼门打开，狗也不会逃跑，而是不等电击就先倒地呻吟、颤抖。这意味着，先前的多次经验让狗习得了这样一种思维模式——在电击面前，只能默默地承受。这就是习得性无助的生动展现。

当人们经历多次失败之后，便可能形成一种错误的想法，认为任何努力最终都是徒劳，徒增伤感，结果是不可控的，不是凭努力就能改变的。在这种消极想法的驱使下，人们可能放弃努力，听凭命运的安排，随波逐流。这种习得性无助型消极认知模式也是形成抑郁障碍的一大推手。

小贴士：如何走出抑郁

虽然抑郁障碍非常稳定，但通过合适的治疗，通常能有很大改善。每个人都有独特的问题和症状，在了解这些后，医生能给出相应的个性化治疗方案。轻度的抑郁障碍往往只需要心理治疗，而中度和重度的抑郁障碍会需要结合药物和心理治疗，才能有所缓解。

抑郁障碍的心理治疗方法有很多，如以改善人际关系和人际功能为目标的人际关系治疗，以解决问题、重建失调功能为目标的支持治疗，和以改变负面、无助的思考和行为模式为目标的认知—行为治疗等，都是行之有效且较常用的心理治疗方法。

治疗抑郁障碍的药物通常以调整因抑郁症状而失调的脑部化学物质为目标，常见的药物包括选择性5-羟色胺再摄取抑制剂（SSRIs）、5-羟色胺和去甲肾上腺素再摄取抑制剂（SNRIs）、多巴胺-去甲肾上腺素再摄取抑制剂、三环类抗抑郁药、单胺氧化酶抑制剂（MAOIs）等。

大多数人在药物治疗开始后的2—4周可以感受到症状减轻。不过，即便症状改善，也还需持续用药半年以上才能更好地巩固疗效。药物治疗虽然对大部分人都较为有效，但仍然存在一些难以克服的弊端。例如，药物的效果因人而异，20%的患者会出现抗药性。即便有效，药物也存在一定的副作用（如恶心、乏力、体重增加等），长期服药还存在一定的风险。另外，摄入的药物通常分布在全身，很难集中到大脑内部进行有针对性的治疗。

随着技术的革新，抑郁障碍的治疗方法也在不断寻求突破。上海瑞金医院成立了脑机接口及神经调控中心，该中心的第一个项目便是研发将脑机接口和神经调控用于抑郁障碍的治疗。通俗地说，脑机接口技术就是将人脑与外部设备连接，这样既可以获取人脑的信息，又可以对人脑施加影响。其中一种方式或许是在大脑内植入电极芯片，电极芯片一方面可以实时记录神经信号，并将信号传递给计算机，医生通过这些信息能直观、准确地判断患者的问题。另一方面，电极芯

第六章 抑郁障碍：快乐走丢了

片可以直接连接神经环路，通过电刺激进行神经调控治疗。目前，这个项目已经通过伦理审核，正在招募被试。如果这种治疗方法被证实安全有效、无副作用，也许在不远的将来，就能成为抗抑郁的利器。

除了以上介绍的这些治疗方法，健康、良性的生活方式也有积极效果，能有效缓解抑郁。

- 锻炼。近来的一些研究表明，有规律的锻炼对减轻抑郁症状有较好的效果。大部分有氧运动（如步行、慢跑、跳舞、瑜伽等）都可以减轻压力，改善睡眠，调节心情，从而缓解抑郁情绪。
- 健康的饮食。良好的饮食结构和健康的饮食习惯也很重要。每日摄入足量的新鲜蔬菜与瓜果、含优质蛋白质的食物、低脂低油食物，既能够保障充足的养分，又能帮助抵消药物治疗可能带来的副作用，一举两得。
- 社会支持。来自家人、朋友的支持和帮助对于改善抑郁症状有很大的好处。患有抑郁障碍的儿童、青少年会出现社交退缩，倾向于独处，帮助他们重塑能够提供支持、温暖的人际关系至关重要。
- 改善环境。例如，父母过于严苛的管教方式，缺乏温暖和支持的亲子互动，父母间频繁、激烈的冲突，同伴欺侮，等等，都与抑郁障碍息息相关。如果不能有效地改善环境，仅仅针对症状进行治疗或许是治标不治本，无法从源头上彻底解决问题。

那些走丢了的快乐，总会失而复得。

第七章

焦虑障碍：无法解释的焦虑和恐惧

蒂娜总是很焦虑，问题不断，有点小题大做。她有时会对新事物很排斥，觉得恐惧，拒绝尝试；有时会对自己毫无信心，坚信自己没法顺利完成某些事情（如在一次考试中取得理想的成绩）；有时会被自己的想法所困，认为有些事情是自己无法企及的。

凯莉的症状更为严重。生活对她来说是一种负担，她每时每刻都在忙着为各种各样的事情焦虑，如搭公车、感冒、考试、是否犯了错误等。无休止的焦虑让她总是保持高度戒备，一刻都不能放松。她每天都在反复确认每件事，确保一切妥当，毫无差错。她好像失去了"放松"这个我们与生俱来的本能。

在《让孩子远离焦虑》这本书中，琼斯基（Tamar E. Chansky）分享了上述两个真实的案例，这些都是发生在我们身边鲜活的人和事。

焦虑很安静，善于隐藏，外人很难发现云淡风轻背后的风起云涌。"树不能说话，所以我要为它代言"，苏斯博士（Dr. Seuss）的这句话用在焦虑的儿童、青少年身上再合适不过了。焦虑的儿童、青少年通常默默地独自忍受着折磨，被铺天盖地袭来的恐惧和焦虑淹没。大部分时候，这些焦虑的孩子似乎很善于获取他人的信任和认可，在父母、老师、同伴的眼中并无异常，甚至表现得非常好。一些焦虑的孩子没有意识到自己与同伴有何不同，另一些虽知道，却不愿意与他人分享和寻求帮助。焦虑的孩子需要我们去发现、去关心，主动为他们代言。

超过13%的儿童会受焦虑障碍的影响。焦虑障碍通常不会自愈，且会不断恶化，需要适当的干预。

第七章 焦虑障碍：无法解释的焦虑和恐惧

区分焦虑与恐惧

在具体了解焦虑障碍之前，先让我们区分焦虑和恐惧。尽管焦虑和恐惧的概念不同，但这两种情绪状态有很多相似的地方，经常被混淆。

一个非常有意思的巧合是，恐惧和焦虑在大脑中会激活相同的脑区——杏仁核。尽管杏仁核很小，大约只有大拇指的指甲那么大，它却是情绪反应的核心脑区，是我们的情绪体验中枢。如果杏仁核出现损伤，会给我们的情绪体验带来毁灭性打击，让我们无法正常感知情绪。焦虑和恐惧类似，都会激活杏仁核的反应。来自外部的不适刺激（如看见蟑螂、蛇等），会首先到达丘脑，进而来到听觉和视觉皮层，在那里被加工。不过丘脑和杏仁核之间也有直接的联系，外部刺激信号也可能通过这条捷径直接到达杏仁核，并继续传递到脑干，激活相应的焦虑反应。

恐惧是一种很常见的情绪，也是最经常被研究的情绪之一。简单地说，恐惧是我们对即将来临的威胁或危险作出的反应，通常具有明确的指向性。也就是说，我们会清楚地知道我们因为什么而恐惧，例如看到蛇、看到密密麻麻的一堆毛毛虫、乘坐飞机等。总之，恐惧是对特定事物的害怕情绪。

不可否认，在人类漫长的进化史上，恐惧对人类的生存有积极的意义，可以说是一种生存保护机制。为什么这么说呢？这是因为恐惧能让我们保持对周围环境的敏锐觉知，并作好相应的准备。在感知到危险的信号后，恐惧能动员我们的身体（如心跳加快、呼吸急促和出汗等），充分作好战斗或逃逸的准备，这能提高我们的生存概率。如果感知不到恐惧，即便危险近在眼前，也可能无动于衷。在真正的危险面前，感知不到恐惧就可能带来灭顶之灾。例如，在浮潜时看到鲨鱼，人会本能地感到恐惧。在恐惧的驱使下，我们会快速游回去。一旦安全上岸，先前对鲨鱼的恐惧就相应消失了。如果我们感知不到恐惧，依然在海上流连，就可能被鲨鱼攻击，成为它的美餐。

与恐惧不同，令人焦虑的事情可能是不明确的。换句话说，焦虑往往没有特定的对象，缺乏明确的指向性。因此，有人说，焦虑是对不确定、未知事物的恐惧，是不明原因的恐惧。我们可能无法确定焦虑来源，甚至不知道它是不是真实存在。当我们预测到未来的危险时，也会感到焦虑。这些反应同恐惧有所不同，通常包含肌肉紧张、害怕、准备应对未来危险的意识。

焦虑障碍的危险信号

正常的恐惧和焦虑是人类丰富的情绪体验的一部分，是一种天赋。恐惧和焦虑在儿童、青少年身上很常见。例如，儿童离开父母去幼儿园，对与父母的分离和进入幼儿园这个陌生的环境，难免会有害怕、焦虑的情绪。这些情绪在儿童适应幼儿园生活后就能逐渐平息。焦虑障碍导致的异常焦虑与这些正常的、短暂的、偶尔的担心、不安或恐惧的感受并不相同。

儿童、青少年身上出现哪些信号可能意味着其焦虑已经超出正常范围，需要引起警惕呢？琼斯基在她的书中列举了一些可能的危险信号。

第七章 焦虑障碍：无法解释的焦虑和恐惧

- 孩子会出现与现实情况不相称的过度痛苦，例如哭泣、悲伤、愤怒、沮丧、无助等。
- 孩子处于应激状态时很容易痛苦、激动或愤怒。
- 孩子会反复提出"如果……，怎么办？"的问题，很难安抚。
- 孩子经常因为头痛、胃痛、恶心等抱怨不能去上学。
- 孩子会经常出现预期性焦虑，担心几小时、几天、几星期甚至几年后的事。
- 孩子有睡眠问题，如入睡困难、经常做噩梦等。
- 孩子会有完美主义倾向，标准很高，眼里没有足够好的东西。
- 孩子有过强的责任感，过分关注自己是否对他人造成了困扰，为不必要的事情道歉。
- 孩子表现出过强的逃避倾向，拒绝参加活动，拒绝上学。
- 孩子的自身功能或家庭功能受到损害，难以完成去上学、参加家庭聚会、与同伴玩耍等正常活动。
- 既使是正常情境引发的痛苦，也需要给予过多的安慰，要花费过多的时间和精力劝说孩子从事常规活动，如做作业、吃饭等。

如果出现以上这些危险信号，可能意味着孩子的焦虑已经超出了正常的水平，是时候寻求专业帮助了。

形形色色的焦虑障碍

19 世纪末 20 世纪初，伴随着工业化带来的忙碌的生活方式，现代城市中开始蔓延一种奇怪的"疾病"。这种新型疾病常出现在上流阶层和专业人士身上，症状主要为头疼、神经痛、胃疼和疲劳。美国医生彼尔德（George Beard）将这种病称为"神经衰弱症"，认为它是由神经系统过度兴奋或枯竭引起的。

作为最早关注焦虑障碍的心理学家之一，弗洛伊德也研究了这种病症。虽然发病原因模糊不清，但他认为焦虑是多种心理问题的汇聚点，了解焦虑的原因或许能让很多心理问题迎刃而解。他基本认同这种病症和现代社会的压力有脱不开的关系，进一步认为一定还有一些未知的因素也参与其中。他将这种病重新命名为"焦虑性神经官能症"，认为它是由个人的内在因素（如体质、欲望、目标等）和外在标准之间的对立和冲突造成的。

在访谈了大量病例的基础上，弗洛伊德得出了初步结论。他认为焦虑性神经官能症是未解决的童年冲突的表现，通常与童年期的创伤性经历（如被父母虐待）有关。试图释放和宣泄的欲望如果总是被压抑，便会导致焦虑性神经官能症发生。弗洛伊德会倾听患者的诉说，帮助他们挖掘那些不堪回首的往事，让造成他们痛苦和纠结的原因浮出水面。很神奇，在唤醒这些蒙尘的苦痛记忆以及与症状相关的不愉快或创伤性事件后，很多患者的症状就会逐渐消失。

如果说弗洛伊德的研究为我们了解焦虑障碍提供了最初的珍贵素材，《精神障碍诊断与统计手册》就见证了我们对焦虑障碍的理解如何不停地更新换代。

在 1952 年出版的第一版《精神障碍诊断与统计手册》中，焦虑性神经官能症被列入其中。它被定义为一个相当宽泛的类别，无法归类的各种生理、心理错乱的精神症状基本上都被纳入其中。这样看来，第一版中的焦虑性神经官能症基本上就是指行为偏离了正常标准的人。在第三版手册 DSM-Ⅲ中，这个类别有了翻天覆地的变化，原来的大类被取消，并将惊恐发作、恐慌症与其他形式的焦虑症进行了区分。第四版手册 DSM-Ⅳ进一步扩展了焦虑障碍的家族，引入更多的焦虑疾病形式。而在最新出版的 DSM-5 中，焦虑障碍这一篇章依然有不少改动。例如：分离焦虑障碍从先前的"始于童年期的障碍"章节中挪出，归入焦虑障碍的章节；原先属于焦虑障碍的强迫症和创伤后应激障碍则自立门户，列为独立的篇章。

接下来，让我们来逐一认识 DSM-5 中的焦虑障碍这一大家族。

惊恐障碍：惊恐发作

惊恐障碍（panic disorder）的核心症状是惊恐发作，例如突发的强烈恐惧和不适，包括胸痛和呼吸急促。惊恐发作可能每周发作一次，持续数月；也可能每天都发生，持续数周，然后进入数月的休止期。它通常在青少年晚期或成年早期发病，很少在 14 岁之前出现，并且女性的发病率是男性的 2 倍。不过，惊恐发作虽然是惊恐障碍的主要症状，但并非每个惊恐发作的人都会发展出惊恐障碍。很多人仅有单次的惊恐发作，不会有任何后续症状。

在惊恐发作期间要确诊为惊恐障碍，患者需要表现出至少 4 种其他症状，包括心跳加速、出汗、颤抖或摇晃、呼吸急促、窒息感、胸痛、恶心或腹痛、头昏眼花或感觉轻飘飘、发冷或发热、麻木、感觉不真实或与外界无关联、害怕失控或发疯、害怕死去。另外，在单次突然的惊恐发作后，至少要有一个以下症状，且持续至少一个月，包括：一直担心再次惊恐发作和可能的不良后果；正常行为明显改变，努力避免再一次发作（如不再锻炼、不再去陌生的地方等）。

场所恐怖症：害怕公共空间

患有场所恐怖症（agoraphobia）的人对家之外的公共空间有莫名的恐惧，特别是那些他们害怕无法逃离、得不到帮助，或者可能出现令人尴尬的情况或惊恐症状的地方。公共交通、开放的公共空间（如停车场、桥梁）、人群聚集地等都是常见的与场所恐怖症有关联的公共空间，他们往往会通过改变日常生活来回避会引发恐惧的场所。场所恐怖症患者甚至可能拒绝离家，对正常的生活造成严重的损害。

场所恐怖症和惊恐障碍曾被认为有紧密关系，之前还一度被认为是同一个种类的焦虑障碍。后来人们发现，很多经历场所恐怖症的青少年并不一定会患惊恐障碍，这才慢慢将两者归为独立的种类。不过，在相当比例的儿童、青少年身上，场所恐怖症和惊恐障碍有一定的并发趋势。

在美国的青少年中，场所恐怖症的检出率约为 1.7%。女性也是该病症的高危人群，患此障碍的概率约为男性的 2 倍。从首次发病年龄来看，场所恐怖症很少始于儿童期，最可能出现在青少年晚期和成人早期。此外，场所恐怖症的遗传性很高：大约 61% 的场所恐怖症患者，其父母也患有场所恐怖症。

场所恐怖症的症状包括：在使用公共交通工具（如汽车、火车、轮船、飞机等）、开放的空间（如停车场等）、密闭空间（如商场、电影院等）、排队或待在拥挤的人群中、独自离家在外等两种以上场景会体验到强烈的害怕或焦虑；个体之所以害怕或回避这些场景，是因为担心出现突发事件时难以及时逃离或得到帮助；在这些场景中，需要有信赖的同伴在场，否则就会体验强烈的恐惧或焦虑；恐惧或焦虑的程度超出了该场景可能存在的真实危险。另外，恐惧、焦虑、回避的症状要持续至少半年以上，才能诊断为场所恐怖症。

广泛性焦虑障碍：被泛化的恐惧

广泛性焦虑障碍（generalized anxiety disorder）是指频繁、过度、无法控制的焦虑。患有广泛性焦虑障碍的人会时时刻刻地沉浸在焦虑中，用悲观、消极的视角看待任何事物，凡事做好最坏的打算。他们还会花费很多时间确认自己是否做错事，用过多精力一遍遍地反复核查，确保每件事情万无一失。

不切实际、无度、持续的担心会损害儿童、青少年的正常功能，让他们无法专心聚焦在一些重要任务上。担心还往往会失控地从一件事情转移到另一件事情，不断蔓延。因此，被过度焦虑消耗的他们看上去总是很紧张、神经紧绷；他们还会有头痛、胃痛、失眠等躯体症状。

在儿童中，最常见的引起广泛性焦虑障碍的应激源包括成绩、自然灾害、身体攻击、未来的学业表现和校园欺凌等。有时，儿童还会为家庭的经济状况等问题而担心。

与其他种类的焦虑障碍相比，广泛性焦虑障碍是 13—18 岁青少年人群中发病率相对较低的种类，检出率在 0.16%—10.8%。但在儿童群体中，广泛性焦虑障碍的发病率相对较高，在所有种类的焦虑障碍中占37.1%，是儿童期最常见的焦虑障碍之一。

广泛性焦虑障碍的症状主要包括：对于很多主题、事件或任务有严重的焦虑或担心且至少持续半年；个体难以有效地控制这些担心；在过去半年的大部分日子里，出现至少3个下列症状（儿童只需要1个），如坐立不安、疲乏、思维难以聚焦、易激惹、肌肉紧张、睡眠问题等。

特定恐怖症：害怕特定事物

特定恐怖症（specific phobia）是一个"狭隘"的焦虑障碍分支。其他焦虑障碍往往有多个刺激源，它们都可能引发焦虑等不适情绪。但患有特定恐怖症的人只会对某种特定的刺激有反应，例如蜜蜂、狗、电梯、乘坐飞机、雷电、针等。可见，特定恐怖症往往因人而异，具有很大的差别。

在儿童中，最常见的诱发特定恐怖症的事物包括厌学、恐高、黑暗、巨大的噪声（如雷声）、打针、狗、昆虫和其他动物等。或许有人会说，恐惧某种特定的事物是一种常见的现象，很多人都会有类似的经历。但是特定恐怖症中的害怕是极度的、长期的，比正常的恐惧要激烈得多。

是不是如果能够避免这些特定的刺激，就不会产生焦虑了？在真实情况中，事情往往要困难得多。例如，如果儿童对蜜蜂有特定恐怖症，不需要看见真的蜜蜂，只要在脑海中闪现蜜蜂，就足够激发他们的恐惧，让他们害怕出门，害怕去公园，害怕和同伴出去玩。只要想到蜜蜂可能在什么地方出现，他们就会极力避免，甚至待在家中闭门不出。同样，如果对乘坐飞机有特定焦虑，就会拒绝乘坐飞机，转而选择费时更久、绕远路的交通工具。

俗话说："一朝被蛇咬，十年怕井绳。"很多特定恐怖症会发生在一次特定的创伤性事件之后。某次被蜜蜂蜇到的经历可能会被孩子铭记于心，随后蜜蜂会成为特定恐怖症的刺激源。不过，也有很多特定恐怖症患者无法清晰地回忆起或说出让他们对特定刺激产生焦虑反应的原因。大部分特定恐怖症患者的首次发病年龄在 10 岁之前。

确诊特定恐怖症的患者需要持续半年以上出现以下症状，包括：对特定的事物或场所极度害怕或焦虑（儿童会哭泣、发脾气、吓呆或缠着成人）；几乎总是在出现所害怕的事物或场所时，立即产生强烈的害怕或焦虑；个体会强烈回避诱发害怕的事物或场所；害怕或焦虑超出了实际的危险程度。

社交焦虑障碍：害怕社交

社交焦虑障碍（social anxiety disorder）是指对社交或者公开场合有一种持久而强烈的恐惧。这类患者对于可能被他人审视的场合都会非常害怕。无论是想象中的社交场景，还是真实发生的人际互动，都会让患者浑身乏力。

患有社交焦虑障碍的儿童往往会因为不同的社交情境而产生焦虑。在一项研究中，研究者让儿童报告了容易让他们感到焦虑的社交情境。他们发现，常见的引发儿童社交焦虑的情境包括：和陌生人交谈（64%）；在课堂上回答问题（49%）；和成人交谈（47%）；口头报告或大声朗读（44%）；公开表演（44%）。

无独有偶，另外一个基于青少年的研究也发现了类似现象。常见的引发青少年社交焦虑的情境包括：口头报告或大声朗读（90.5%）；当众表演跳舞（90.5%）；派对和其他公共活动（87.3%）；向老师求教或向他人寻求帮助（87.3%）；公开表演（87.3%）。

这种症状和正常的害羞、内向不同。患有社交焦虑障碍的儿童觉得在社交场合中自己会被他人作出负面评价、嘲笑、拒绝，因而害怕这些场合。他们特别在意他人对自己行为的评价，担心成为别人眼中的傻瓜，被别人视为笑柄。在这种强烈的害怕的驱使下，他们会极力回避与他人互动，这会在很大程度上限制、阻碍正常的同伴交往。他们不太可能和同伴进行正常的互动，发展出良性的友谊，也因此会体验到较高的孤独感。

社交焦虑障碍通常会发生在害羞、忍受过压力事件或尴尬事件（如被同伴欺负）的人身上。社交焦虑障碍在美国成人中的检出率大致为7%。大部分人首次出现症状的年龄在8—15岁，平均首次发病年龄约为13岁。

社交焦虑障碍的主要症状包括：（1）因为害怕被他人观察、评价而对一种或多种社交场合产生极度的害怕或焦虑，例如，与他人谈话、用餐等。对儿童而言，这些症状要发生在与同伴交往时，而不只是发生在与成人的互动中。（2）害怕会被他人羞辱或拒绝，或表现出焦虑的症状（如出汗或发抖）。（3）社交场合总是会引发害怕或焦虑。（4）回避社交场合，或忍受着强烈的害怕或焦虑。（5）这种害怕和焦虑已经远远超过社交场合可能带来的实际危险。以上症状必须持续至少半年以上，才能确诊社交焦虑障碍。

第七章　焦虑障碍：无法解释的焦虑和恐惧

分离焦虑障碍：害怕和父母分离

对婴儿来说，分离焦虑是一种正常的反应，甚至可以说是一种有益的生存机制。毕竟，人类的婴儿柔弱无助，脱离了父母的照顾就无法生存。适当的分离焦虑能让婴儿通过哭闹诱发父母的关注和照顾，大大增加婴儿生存的机会。

除了婴儿，很多刚上幼儿园的幼儿也会在不同程度上表现出与父母的分离焦虑。不过，入园的分离焦虑通常不会持续太久。随着幼儿逐渐熟悉幼儿园的生活和环境，认识幼儿园的老师和同学，知道每天放学后都会有父母准时来接回家，分离焦虑就会逐渐减弱。

当这种焦虑是过度、极端的，并且发生在年长的儿童、青少年身上，以至于损害了他们的正常生活，就可能代表了更严重的分离焦虑障碍。

患有分离焦虑障碍（separation anxiety disorder）的儿童难以忍受和父母分离，对于和父母分离会感到焦躁不安。上学、睡觉、父母出差，甚至父母就在隔壁的房间，都会诱发他们焦虑、紧张的情绪。例如，他们更愿意缠着父母，无法独自前往或待在一个房间里；他们可能难以独自入睡，想要父母陪伴；他们还可能因为不愿意离开父母而拒绝上学。

这些患有分离焦虑障碍的孩子到底在焦虑什么？可能是与父母分离，会让他们无法得知父母每分每秒在干什么；可能是他们不确定脱离了父母的保护，会不会有什么噩运降临在他们身上……关于父母也好，关于自我也罢，这种不确定的感觉让他们发狂。

基于美国的数据，儿童是出现分离焦虑障碍的主要人群，大概影响了 4% 的 12 岁以下儿童。在青少年中，分离焦虑障碍的检出率相对较低，只有 1.6%。

分离焦虑障碍的主要症状包括：与家庭或亲人（父母或其他主要照顾者）的分离或预期分离会造成频繁、极度的痛苦；频繁、极度地担心失去亲人，或亲人可能受伤；频繁、极度地担心那些导致与亲人分离的有害或创伤性事件（如走失或绑架）；因为害怕与亲人分离而坚决拒绝或不愿意离开家；频繁、极度地害怕独处；坚决拒绝或不愿意独自睡觉；频繁地做和亲人分离的噩梦；因为害怕分离，频繁地出现躯体症状（如头痛和胃痛等）。

如果儿童、青少年出现至少 3 种以上症状，并且害怕、焦虑或回避持续的情况存在至少 1 个月，就能确诊为分离焦虑障碍。

对焦虑说不：改变焦虑的思维定式和躯体反应

不管以上哪一种焦虑障碍，焦虑作为一种情绪体验，往往伴随着一系列错误的思维定式和不合时宜的躯体反应。因此，要想帮孩子克服焦虑，对焦虑说不，就需要帮助孩子改变这些错误的想法以及更好地控制自己的躯体反应。针对这一话题，琼斯基在她的书中提出了不少建议。

具体来说，以下几种错误的焦虑想法是我们需要关注的。

第一，揭示心理暗示的力量。心理暗示往往具有巨大的力量。当我们想到草丛中的簌簌声不是因为有兔子在活动，而是因为有蛇在爬行的时候，我们就会觉得恐惧；当我们想到螨虫，就可能会感觉痒。

这些例子都生动地说明了心理暗示的重要性。但心理暗示是一把双刃剑，它既可能成为焦虑的源头，也可能成为克服焦虑的利剑。一旦孩子明白自我的消极暗示正是焦虑的源头，就可能发生积极的改变。

第二，正确认识风险。焦虑是基于风险的博弈。如果我离开父母，会不会遇到危险；如果我被蜜蜂蜇了，会不会很痛；如果我在课堂上回答错了，会不会被同学们嘲笑；如果我乘坐飞机，会不会遇到空难……这些焦虑想法都有一个共同点，那就是它们都过度强调风险，很多孩子为此失去了尝试的勇气。因此，需要让孩子明白，风险只是一种可能性，在绝大多数情况下并不会发生。可以让孩子试着想想，这个风险发生的可能性有多大。孩子之所以会焦虑，是因为大脑过度警觉，拉响了错误的警报。

第三，区分感觉与事实。患有分离焦虑障碍的孩子会觉得，他们离开父母就会遇到危险，这让他们非常害怕。不仅仅是患有分离焦虑障碍的孩子，患有其他类型焦虑障碍的孩子也存在一个通病，那就是他们往往将感觉和事实混为一谈，无法区分。针对这一问题，父母可以通过一些小练习，让孩子来测试自己担心的事是否真的会发生。例如，离开父母去上学，真的会遇到危险吗？去公园里玩，真的会被蜜蜂蜇吗？这样的练习能让孩子将基于事实的判断和基于感觉的判断区分开。一旦孩子克服了用感觉代替事实进行判断的错误倾向，就能让他们学会用事实而不是感觉来思考问题，克服感觉带来的恐惧和焦虑情绪。

第四，克服滑坡效应。看到救护车，就会想到亲人出事了；看到父母吵架，就会想到他们离婚了，遗弃了自己……在患有焦虑障碍的儿童身上，思维的"滑坡效应"（slippery slope）正是让这些偶然事件变得极为可怕的重要原因。当儿童将事前的想法和事件的结果理解为因果关系，或者相信不好的想法会导致坏事发生时，他们就经历着想法和可能性的融合。我们可以帮助孩子尽可能地用积极、明智的思维去战胜焦虑的大脑，让孩子了解想法不等于事实。即便大脑中的影像非常生动，它也不是事实，更不会是事情发生的原因。这些想法只会带来紧张感，要勇敢地对它们说不。

　　第五，立足当下。不确定性是产生焦虑的一大源头。如果让我们想想10年之后我们的生活会是什么样的，可能会让人感到焦虑。毕竟，生活充满了变数和不确定性，唯一不变的恐怕就是变化本身。同样，未来的不确定性会让儿童、青少年倍感焦虑。如果这次考试没考好，怎么办；如果好朋友不再理我了，怎么办；如果爸爸妈妈不喜欢我了，怎么办……各种"如果……怎么办"的想法刺激着他们敏感而纤细的神经。每个关于某一情境的"如果"，都是他们在试图预测未来，而他们眼中的未来总是笼罩着灰蒙蒙的雾，从而引发越来越多的焦虑。所以，我们需要让孩子克服这种思维定式，把他们拉回当下，运用现实性思维，用事实说话。每次脑海中出现"如果……怎么办"这样的假设性问题时，主动按下暂停键，用"这怎么可能呢？"来代替。未来的事情谁又能说得准？坏事和好事都可能发生，但不是现在。

　　除了帮助孩子改变以上和焦虑密切相关的思维定式，我们还需要帮助孩子更好地控制过度的身体应激反应。无论是冲向川流不息的马路，触摸滚烫的水壶，还是走近虎视眈眈的狮子，一旦觉察到危险，我们身体的警报系统就会自动激活，让我们远离危险。这种与生俱来的躯体反应是我们的本能，是有益的生存机制。然而，在焦虑的儿

第七章 焦虑障碍：无法解释的焦虑和恐惧

童、青少年身上，身体警报系统往往会过度反应，会制造与当前危险不匹配的警报，让他们感到恐惧。

我们的躯体反应并不受大脑控制，它接受自主神经系统（automatic nervous system，ANS）的调控。说到这儿，我们需要简单地了解什么是自主神经系统。人体的自主神经系统由交感神经系统（sympathetic nervous system，SNS）和副交感神经系统（parasympathetic nervous system，PNS）组成。在觉察到危险时，交感神经系统会激活，我们便出现心跳加速、呼吸加快、手心出汗、四肢战栗等身体应激反应，让身体进入备战状态，随时启动"战斗—逃跑"机制。一旦危险过去，副交感神经系统会激活，让我们逐渐恢复平静。

焦虑的儿童、青少年会有更高水平和更频繁的交感神经系统激活，而随之产生的躯体反应会让他们觉得很不舒服。我们可以帮助孩子做个深呼吸，安抚他们，告诉他们这只是身体收到了错误的警报而作出的过度反应，没什么大不了的。

气喘吁吁、叹息等都会让身体处于紧张的状态，我们可以通过呼吸和放松训练，帮助他们克服身体的紧张状态。可以采用琼斯基在书中介绍的脚本，对焦虑的孩子进行腹式呼吸训练：

> 平躺在地板上，胸部朝上，一呼一吸，并且要缓慢。保持这个姿势，你将进行腹式呼吸，这种方法有助于我们的身体放松。当你对躺在地板上这种姿势很熟练的时候，你就可以坐起来，用同样的方式呼吸。确认在呼气的时候没有憋气，保持呼吸平稳。从鼻子吸入（数1、2），然后从嘴呼出（再数1、2）。如果在呼气的时候想着"放松""平静"，会有助于身体进入放松状态。

在进行上述腹式呼吸放松训练的时候，儿童需要集中精神想象一个令他们感到愉悦的场景（如幽静的森林、潺潺的小溪、一望无际的草原、应有尽有的糖果等），并试图在想象中尽可能地丰富画面、声音、气味等各种细节。如果儿童被某些焦虑的想法扰乱，可以告诉他们把这些想法放在气球中，让它们轻轻地飘走。我们可以鼓励焦虑的儿童每天进行几次这样的练习。几个星期之后，他们就能熟练地在需要的时候自发地进行腹式呼吸，有效缓解紧张、焦虑的情绪。

认知—行为疗法和药物治疗孰优孰劣

早期干预是应对儿童、青少年焦虑障碍最好的方法。大部分情况下，焦虑障碍的治疗效果挺不错的。认知—行为疗法和药物疗法是治疗焦虑障碍最常用的疗法，两者的结合被认为是最佳方案。不过，并不存在一刀切的最佳方案。我们需要了解孩子的情况，找到最适合孩子的治疗方法。在患有焦虑障碍的儿童中，约有50%—70%的父母会选用药物治疗，有70%—80%的父母会选用认知—行为疗法。

认知—行为疗法的目标是让儿童及其父母了解焦虑的工作原理和科学的应对方法，从而应对焦虑引发的想法、行为和躯体反应。对于患有焦虑障碍的儿童，认知—行为疗法非常有效，大约50%—80%的儿童在接受认知—行为疗法后，相应症状会明显减少。而且，良好的疗效能持续较久。在之后的三年到三年半时间里，疗效依然能够保持。有证据表明，认知—行为疗法对儿童、青少年焦虑障碍有良好的效果。

认知—行为疗法通常包括以下几个部分：

第七章 焦虑障碍：无法解释的焦虑和恐惧

- 心理教育：让儿童了解焦虑的体验，教授儿童应对焦虑的技巧。
- 身体管理技巧：让儿童学习呼吸、肌肉放松等技巧，应对焦虑引发的躯体应激反应。
- 认知重构：在认知层面教会儿童辨别负面、自发的焦虑想法，并用积极、有现实意义的想法取而代之。
- 暴露：就可能引发儿童焦虑反应的应激源进行有针对性的训练。
- 复发预防：判断可能导致儿童复发的表现和潜在的应激源，制定相应的计划，使儿童能够快速对可能发生的状况作出良性反应。

虽然认知—行为疗法在大部分情况下卓有成效，以较小的伤害性和无副作用的特点成为很多父母的选择，但它也存在一些局限性。在这些情况下，药物治疗便成了替代选择。有些父母出于安全性和副作用的考虑，比较排斥药物治疗。即便采用药物治疗，父母也希望能够立竿见影地看到效果。但药物起作用往往需要一定的时间，可能需要连续服药几天、几周甚至几个月才能看到疗效。而且，药物只对特定的严重症状起作用，并不能消除所有症状。因此，药物治疗不能作为焦虑障碍治疗的唯一方案，而是应当结合认知—行为疗法和对健康饮食、锻炼、睡眠等行为的管理，才能有更好的疗效。

目前，抗焦虑的药物主要有两类，这两类药物的工作原理不同，针对大脑中的不同系统起作用。最常见的焦虑障碍药物是抗抑郁类药物，例如选择性5-羟色胺再摄取抑制剂。这类药物的目标是血清素受体，通过阻断神经递质血清素在大脑中的再吸收，使大脑的信息传递更有效。百忧解（Prozac）、左洛复（Zoloft）、帕罗西汀（Paxil）、兰释（Luvox）等都是常见的该类药物。它们虽然通常需要持续服用2—10周才能初见成效，但副作用较小且没有上瘾的风险。

第二类抗焦虑药物是苯二氮平类药物（Benzodiazepines），它们能起到镇定、减缓焦虑的效果。这类药物包括赞安诺（Xanax）和氯硝西泮（Klonopin）等。苯二氮平类药物对神经系统有镇定的作用，能降低交感神经系统的兴奋性。交感神经系统是我们自主神经系统的一部分，它过度兴奋往往会让我们处在兴奋的状态。因此，降低交感神经系统的兴奋性可以减轻儿童的焦躁和焦虑。苯二氮平类药物虽起效很快（通常在1个小时内生效），但药效的持续时间较短，还会产生一定的依赖性。

化蛹为蝶

1958年夏天，在美国旧金山，达利（Salvador Dali）为美国医学会大会量身定制了一个名为《蛹》（Crisalida）的雕塑作品。它从外观上看是一条由降落伞拼接而成的毛毛虫，长约20米，还会有规律地"呼吸"。走进毛毛虫的内部，人们可以看到四个人像。第一个人像是一个憔悴的男人，他举着一根棍子，棍子的顶端有一只黑色的蝴蝶。达利用他来表现人类的焦虑。第二个人像是一个近乎透明的女人，她也举着一根棍子，顶端有一只飞蛾。第三个人像是一个头上遍插鲜花的少女，达利称她为"和平之蝶"。最后一个人像是一位跳着绳走向宁静的少女。达利用这四个人像描绘了人类内心的焦虑感，以及从焦虑走向和谐与宁静的美好期许。克服焦虑,对内心和谐与安宁的渴望正是《蛹》传达的积极意义。

焦虑很安静,却有吞噬人心的力量。被焦虑困扰的孩子需要我们的关注和帮助,化蛹为蝶。

第八章

注意缺陷 / 多动障碍：
分心和多动不是孩子的错

有这样一群孩子：他们总是让父母失望，做作业拖拉又马虎；在学校不专心上课；总是一副坐立不安的样子；出门时让别人一等再等；房间总是凌乱不堪；经常爱搭不理、不合作……

他们与父母的期望格格不入，与"别人家的孩子"形成天上地下的鲜明对比，在学校频繁地被贴上"问题儿童"的标签，麻烦不断。于是，父母的怨气越来越重，规定越来越多，管教也越来越严格。情况似乎并没有好转，父母用力过猛换来的是孩子越来越抗拒、越来越不合作，孩子和父母也渐行渐远。

这些孩子和父母的冲突旷日持久，总会围绕着不同的主题展开：学习态度、作业质量、考试成绩、听话、合作……冲突会不断地升级与恶化。父母会觉得自己是在恪尽职守，履行为人父母的责任，而孩子会觉得自己在争取独立、平等和尊重，拒绝沦为一个只会听话、没有自我的机器人。一旦亲子之间的冲突成为常态，父母和孩子便会陷入惯性冲突的沼泽，彼此攻击，互相伤害。

扎心的是，除了让亲子关系走进死胡同之外，冲突并不会带来任何实质性积极变化。分心、多动、抗拒照旧在孩子的日常生活中频频上演，让他们生活的各个方面都亮起红灯。

遇到这样的孩子，很多父母的第一反应往往是孩子太不听话了，需要严加管教。可他们或许没有想到，这可能并不是孩子的错，而是孩子需要帮助。这些孩子很可能正在承受注意缺陷/多动障碍（attention-deficit/hyperactivity disorder，ADHD）带来的伤害。

事实上，注意缺陷/多动障碍是儿童期最为常见的发展障碍之一，约5%的儿童患有此类障碍。有些孩子的症状在婴儿期就已初现端倪，但大多数儿童直到4岁才能确诊。学龄儿童是最经常被确诊的人群，可能是因为入学后，注意力不集中和多动的问题开始集中显现，并严重影响儿童的学业表现，也就更容易引起父母和教师的警觉和重视。其中，1/3 的儿童期病例会持续到成年。

跨越迷思：你真的了解注意缺陷 / 多动障碍吗？

注意缺陷 / 多动障碍在这些年有了越来越高的公众知名度。也许你并不知道"注意缺陷 / 多动障碍"这个名词，但是"多动症"的名称一定或多或少有所耳闻，它就是这一障碍在大众口中的称呼。

围绕注意缺陷 / 多动障碍的诸多迷思盛行不衰。一些常见的迷思堂而皇之地混迹在公众本就不多的关于注意缺陷 / 多动障碍的认识之中。我们不妨在这里简单地列举一二。

迷思 1：注意缺陷 / 多动障碍并不是一种真正意义上的障碍。

这个迷思之所以盛行，或许是因为，作为正常人，我们每个人都或多或少会有注意力涣散、缺失或控制不住自己的时候。也难怪会有人想当然地认为，这些被确诊为注意缺陷 / 多动障碍的孩子并不是真的遇上了麻烦，纯粹只是不听话、忤逆、缺乏严格的管教而已。

但事实上，注意缺陷 / 多动障碍的的确确是一种需要关注和干预才能缓解的精神障碍。确诊的儿童不仅会在行为层面出现问题，还会在生理层面（如脑功能）出现异常。这些证据明确地告诉我们，注意缺陷 / 多动障碍并不是想象力的产物。

迷思 2：注意缺陷 / 多动障碍是近代才有的，被过度确诊了。

注意缺陷 / 多动障碍虽然早在 18 世纪就有记载，但直到近代人们才开始真正地认识它。尤其是近几十年来，关于注意缺陷 / 多动障碍的知识井喷似地增长,它的诊断标准也逐渐细化。相应地,被确诊的儿童数量不断增加,尤其以美国等西方国家儿童居多。这就引起部分人的质疑,认为注意缺陷/多动障碍可能是西方文化的独特产物,不过是那些医药公司为了推销药物、提高效益而捏造出来的假病。

需要澄清的是,确认人数的增加其实反映了人们对这一障碍的了解不断增加,它的诊断标准也日益明确,从而能更准确地筛查出患病儿童。

迷思3:注意缺陷/多动障碍是儿童、青少年特有的发展障碍。

很多人把注意缺陷/多动障碍和儿童联系在一起,认为它是儿童、青少年专享的障碍。其实,成年人也可以被确诊为注意缺陷/多动障碍。不过,在不同的年龄段,症状有所不同。例如,在青少年身上,症状可能表现为坐立不安、烦躁或不耐烦;而在成人身上,可能表现为注意力不集中、计划性较差、焦躁、冲动等。

注意缺陷/多动障碍对成年人的正常生活、工作、人际关系等各个方面都产生巨大的损害。例如,研究发现,患有注意缺陷/多动障碍的成年人通常无法建立或维持稳定、积极的亲密关系,婚姻质量堪忧。他们还会频繁地更换工作,很难在事业上取得突破和成就。

迷思4:所有患有注意缺陷/多动障碍的儿童都会有多动的症状。

就像我们之前提到的,注意缺陷/多动障碍以"多动症"的名称被大家熟悉,这在一定程度上说明了大众对注意缺陷/多动障碍的理解较为偏颇,往往以偏概全,认为多动是其区别于其他障碍的典型症状。

事实上,"多动症"的主要症状可不仅仅是多动,还包括分心、冲动等,这些症状不一定会同时出现。注意缺陷/多动障碍有多个亚类型，每个亚类型都有独特的症状。有些儿童的症状是难以长时间地集中注意，也就是以分心为主，并没有多动和冲动的问题；一些儿童则会同时具备容易分心、多动、冲动等多个典型症状。

因此，所谓的"多动症"并不一定总有多动的表现，有些存在注意力涣散、缺失等症状的儿童也可能是注意缺陷/多动障碍患者。而这类呈现非典型症状的儿童往往会被忽视，错过被看见、被帮助的机会。

迷思5：注意缺陷/多动障碍是糟糕的教养方式的产物。

在很长一段时间内，家庭的不良教养方式和儿童的注意缺陷/多动障碍紧密联系在一起，被认为是儿童出现问题的最主要原因。当时，人们错误地认为，正是因为父母疏于职守，没能好好管教、约束孩子，才会让孩子为所欲为，无法控制自己的行为。这种曾经盛行的错误观念一度引发父母的恐慌，害怕自己的孩子被确诊，害怕自己因而成为他人眼中不称职的父母。不过，事实早已否定了这个错误的观念。家庭因素也许在一定程度上与儿童注意缺陷/多动障碍的发生有关系，但绝对不是唯一的致病机制。

性别差异：男生更容易患"多动症"吗？

或许是因为"多动症"的名称太深入人心，又或许是因为男孩与女孩相比更精力旺盛、调皮捣蛋，人们难免会把"多动"和男孩联系起来，觉得它似乎和男孩更"搭"。毕竟，多动、调皮、不听话这些特质和大部分人心目中安静、乖巧、听话的女孩性别刻板印象格格不入。

注意缺陷／多动障碍的检出率的确具有明显的性别差异。接近2/3的确诊儿童是男孩，这似乎印证了人们的猜想。但是，这并不意味着只有男孩才会患上注意缺陷／多动障碍。有意思的是，这一显著的性别差异在童年期尤为明显，然后会随着时间的推移而慢慢变小，最终消失。例如，2019年发表的一项基于成年人的研究就发现，注意缺陷／多动障碍在成年男性和女性中的检出率并没有显著差别，大致相当。

问题来了：为什么注意缺陷／多动障碍在儿童期的检出率会有这么大的性别差异呢？这是一个研究者争论不休的话题。有人认为，在女孩中的检出率比男孩低纯粹反映了操作层面的问题。女孩的性别刻板印象（如安静、乖巧、听话等）和"多动症"这一名称给人的调皮捣蛋、多动的印象不符，导致很多女孩的症状会被忽视或被错误地解读，没有得到应有的诊断。

另外，与男孩相比，确诊为注意缺陷／多动障碍的女孩更可能表现出分心的症状，不一定伴有"多动"这一典型症状，这也导致她们的问题更可能被缺乏相关知识的父母、教师忽视。试想，一个在大部分时候都安安静静、乖巧听话，只是难以集中注意力的女孩，谁能轻易把她和"多动症"挂上钩。真正被确诊的儿童只是冰山一角。只有那些表现出足够多的典型症状的儿童，才会引起教师和父母的警觉，带他们去寻求专业的诊断和帮助。呈现非典型症状的儿童，尤其是女孩，可能永远无法得知事情的真相，一辈子被蒙在鼓里。

还有人认为，注意缺陷／多动障碍诊断标准的研究和确立从一开始就大量依靠男孩的样本，这可能导致这些诊断标准根本不适用于女孩，自然不能敏感地筛查出有问题的女孩。

总而言之，不管是什么原因导致了检出率上的性别差异，都不能简单、粗暴地理解为只有男生才可能患注意缺陷/多动障碍。

尽管在童年期的检出率上有一定的性别差异，注意缺陷/多动障碍的危害却没有性别差异。一旦被确诊，它对男生和女生的影响没有太大的差别。例如，患有此障碍的男生和女生会有程度大致相当的学业困难和社交困难，还会出现程度大致相当的认知障碍，如执行功能缺损和自我认知控制下降。

不过，也有一些研究发现了蛛丝马迹，认为注意缺陷/多动障碍对男孩和女孩的影响会有一些区别。与男孩相比，随着时间的推移，相关症状在女孩身上似乎更稳定；以分心为主要症状的女孩会有更严重的学业困难和同伴交往困难。确诊为注意缺陷/多动障碍，还会明显增加女孩在日后发展出焦虑障碍和抑郁障碍的风险，以及增加男孩发展出反社会行为的风险。

不管是男孩还是女孩，注意缺陷/多动障碍都会对他们的正常功能产生危害，会导致他们在学习、思维、社交等方面的表现每况愈下，还会增加他们产生其他精神障碍的可能性。尽早地干预和治疗才能真正地解决问题。

诊断标准：不多动也可以分心

就像我们之前提到的，注意缺陷/多动障碍的典型症状不仅包括多动，还包括注意缺失和冲动。DSM-5对这一障碍给出了明确、详细的诊断标准。

注意缺陷/多动障碍的诊断包括两个方面：注意力不集中；多动

和冲动。

注意力不集中的具体症状包括以下几种，必须经常出现以下症状中的 6 种及以上症状。对于 17 岁及以上者，可以降低为 5 种症状。

- 经常不注意细节，或在学业、工作中犯下粗心大意的错误。
- 难以持续关注任务或娱乐活动（如演讲、与他人交谈、阅读）。
- 当别人和他说话时，心不在焉（心思似乎在别处）。
- 经常不听从指令，不能完成学校作业、家务、工作任务（或许能开始任务，但很快就不再关注任务）。
- 难以使任务和工作井然有序地展开（不能很好地管理时间；工作乱七八糟，缺乏条理性和组织性；无法按时完成任务）。
- 通常不愿意或回避从事需要持续脑力劳动的任务（如做作业）。
- 经常丢失物品（如试卷、书本、钥匙、眼镜、手机）。
- 经常被外来的刺激分散注意力，容易分心。
- 在日常活动中（如做家务、做作业、按时支付账单）很健忘。

多动和冲动的症状如下所列，通常要出现 6 种及以上症状。同样，对于 17 岁及以上者，可以降低为 5 种。

- 坐立不安，拍手跺脚，在座位上扭动。
- 在需要保持就坐的情况下，经常离开座位（如在教室、工作场所）。
- 经常在不合适的情况下跑动或攀登。

- 经常不能安静地玩耍或进行休闲活动。
- 总是"一刻不停地动",就像上了发条。
- 经常喋喋不休。
- 经常在问题问完之前,就已迫不及待地说出答案。
- 经常不能等到轮到自己的时候(如排队)。
- 经常打断他人的谈话或打扰别人(如插嘴、未经同意使用他人的物品)。

另外,DSM-5还就症状的时间窗口和场合给出明确的限定:这些症状必须在12岁之前出现,并且持续至少6个月;这些症状还必须同时发生在学校、家庭、工作场所等2种及以上场合中。只有满足了以上条件,才能确诊。

基于不同的症状,注意缺陷/多动障碍可以进一步诊断为三种亚类型,包括:

- 组合型:症状同时符合注意力不集中以及多动和冲动的诊断标准。
- 注意缺陷型:症状仅符合注意力不集中的诊断标准,不符合多动和冲动的诊断标准。
- 多动/冲动型:症状以多动、冲动为主,不符合注意力不集中的诊断标准。

注意缺陷/多动障碍有什么危害?

注意缺陷/多动障碍会对儿童、青少年产生巨大危害。有些人甚至认为，它就像开启了一扇恶魔之门，会增加儿童、青少年日后产生多种严重心理问题的风险。例如，确诊儿童是日后发展出一系列问题的高危人群，包括学业困难、社交困难、失业、药物滥用、违纪、抑郁、婚姻冲突、离婚等。这些问题在很大程度其实反映了自我控制欠缺、冲动性过高、注意力缺失会对正常功能造成极大的干扰，使健康、良性的学习、工作、生活都受到影响。

其危害还体现为它可能和多种其他障碍同时发生，呈现并发的态势。在未经临床诊断的社区人群中，大约44%的注意缺陷/多动障碍儿童会患有至少一种其他障碍，43%的此类儿童会患有至少两种其他障碍。在临床确诊的儿童中，这一比例就更高了：高达80%—87%的确诊儿童患有至少一种其他障碍。

破坏性和品行障碍恐怕是注意缺陷/多动障碍最常见的并发障碍。研究发现，在临床确诊的注意缺陷/多动障碍儿童中，高达54%—67%的儿童同时符合破坏性和品行障碍的诊断标准。为什么会有这么高的并发率呢？这可能是因为破坏性和品行障碍的儿童有自我控制缺损。事实上，有研究者指出，由此导致的情绪失调也是注意缺陷/多动障碍的一个核心症状。情绪失调的儿童更可能发展出破坏性和品行障碍。注意缺陷/多动障碍是因，而破坏性和品行障碍是果。还有研究发现，这两种障碍在基因层面和环境层面都有相似的风险因素，这在一定程度上作出了解释。

焦虑障碍也是注意缺陷/多动障碍的常见并发障碍。在临床确诊的注意缺陷/多动障碍儿童中，同时确诊焦虑障碍的比例平均为25%。不过，研究结果似乎不一致：有纵向研究结果表明，长期来看，患有注意缺陷/多动障碍的儿童发展出焦虑障碍的可能性和控制组的正常儿童并没有显著差别。总之，目前没有确切的结论。

抑郁障碍同样是注意缺陷/多动障碍的常见并发障碍，大约20%—30%的注意缺陷/多动障碍确诊儿童被同时确诊抑郁障碍。并发率似乎会随着年岁的增长而相应提高，在青春期和成年早期尤为明显。这可能是因为患有注意缺陷/多动障碍的儿童往往会在学业、同伴关系等方面遭遇危机，失败的经验会让他们对自我产生怀疑，降低自我认同感和生活满意度，增加患抑郁障碍的风险。

孩子为什么会走向注意缺陷/多动障碍？

孩子为什么会走向注意缺陷/多动障碍？这个看似简单的问题其实非常复杂。事实上，注意缺陷/多动障碍被认为是一种复杂的障碍，它的致病机制往往涉及多个层面的因素，而且具有一定的随机性，不是一两句话就能简单概括的。

有研究者试图从心理学层面对此作出解释。在几十年的发展过程中，这一脉的研究发现，患有注意缺陷/多动障碍的儿童、青少年在注意集中、行为抑制、奖赏反应、唤起、认知和情绪加工等方面都存在缺陷，这些缺陷很可能是导致行为层面问题的原因。

这类儿童、青少年在脑功能和脑结构上都存在异常。在脑功能层面，这类儿童的前额叶区域以及从前额叶经由纹状体到边缘系统的血液流量较少。神经影像学的研究还为我们提供了更多有启发性的证据。例如，患有注意缺陷/多动障碍的儿童在童年早期就已经出现脑结构的改变，这些改变不会随着年龄的增长而继续恶化。这可能意味着生命早期的消极经历会对脑结构造成不可逆的损伤。

还有研究发现，部分脑功能网络在注意缺陷/多动障碍中扮演重要的角色。例如，患者的前额叶和下皮层（frontal-subcortical）的通路有一定的缺损，而这个通路对于行为和情绪调节、冲动抑制有非常重要的作用。

注意缺陷/多动障碍患者的默认模式网络（default mode network）也存在问题。在正常人身上，大脑默认模式网络在静息态会被激活，而在任务态会被抑制。换句话说，当我们无所事事时，大脑默认模式网络会很活跃；当我们忙着完成任务时，大脑默认模式网络就会自动"关闭"，较为安静。然而，在注意缺陷/多动障碍患者身上，大脑默认模式网络似乎出了问题，即便是在有任务的情况下，依然没有停歇的迹象。这就会和进行中的任务争夺宝贵的认知资源，为任务制造背景噪音，损害专注力，这解释了患者容易分心的神经机制。

此外，注意缺陷/多动障碍患者的大脑神经递质（如多巴胺）似乎也有问题。正如美国康奈尔大学的康纳（Daniel F. Connor）教授指出的，在外部刺激面前，这类儿童往往不能很好地调节和抑制，而是会用很夸张的方式作出反应，这些可能是通过提高大脑突触中的多巴胺水平来实现的。

除了以上这些生理、心理层面的机制，环境层面的因素也不可忽视。注意缺陷/多动障碍一度被认为是父母糟糕的教养方式的产物，虽然这种错误的说法早就被推翻，但研究者发现，不良的成长环境确实会在一定程度上增加儿童、青少年发展出注意缺陷/多动障碍的风险。

例如，与健康儿童的母亲相比，注意缺陷/多动障碍患儿的母亲

第八章　注意缺陷/多动障碍：分心和多动不是孩子的错

通常较年轻，她们更可能在孕期和产后面临匮乏的资源等环境层面的挑战，这些挑战与压力可能让母亲产生一定程度的神经紊乱，使孩子更容易患上注意缺陷/多动障碍。母亲在孕期抽烟、酗酒等不良的生活习惯也会增加日后孩子患病的风险。

以上简单列举了一些研究者对注意缺陷/多动障碍在心理、生理、环境层面的致病机制的假说和推论。对于孩子为什么会走向注意缺陷/多动障碍，我们依然没有确切的答案。这些研究结果就像一块块零散的拼图，正在帮助我们一点点地拼凑致病原因。有一点可以肯定，注意缺陷/多动障碍的形成并不是单一机制的产物，而是受多层面因素的共同驱动。从这一点来说，我们至少可以肯定，分心和多动不是孩子的错。

治疗方式的博弈

对注意缺陷/多动障碍患儿而言，正确、及时的干预和治疗极为关键。未经治疗的儿童会出现学业困难、社交问题、行为困扰等严重问题。与焦虑障碍类似，认知—行为治疗和药物治疗是最常用的治疗方式。医生通常会采取两者结合的治疗手段，并根据症状的严重程度选择具体的形式。

在药物治疗方面，利他林（Ritalin）和阿得拉（Adderall）是最常用的处方药，其主要成分为苯丙胺，都属于兴奋类药物。它们能通过提高特定大脑化学物质的活动来帮助儿童延长注意力的持续时间，从而更好地完成任务，控制冲动的行为。

在过去的十多年中，这两种处方药销量激增。英国每年开出近 100 万份处方药，与 10 年前相比，几乎翻了一番。在美国，从 2010 年开始，这些处方药的销量也逐年递增，到 2020 年成为市场上销量最大的精神类药物之一。正如舍弗勒（Richard Scheffler）在《多动症大爆发》一书中提到的，注意缺陷 / 多动障碍治疗药物的销售正在全球范围内爆发性增长，这一趋势在强调生产力和个人成就的国家尤为明显。

儿童是注意缺陷 / 多动障碍的高发人群，父母对药物治疗总是更谨慎，会有抗拒情绪。确实，药物的副作用不可忽视，常见的副作用有食欲减退、体重减轻、睡眠问题、焦虑、易怒、抑郁等。这些副作用单单拎一个出来，都会让父母于心不忍。特别是对年幼的儿童来说，药物治疗更应慎重。有证据表明，在婴幼儿中，治疗注意缺陷 / 多动障碍的处方药可能会抑制其正常的青春期发育。不过，多年来的临床研究基本已经确定药物的安全性。利他林是一种很安全的药物，只要剂量合适，对改善症状会有很大的帮助。

除了可能带来的副作用，药物可能给孩子带来心理负担。有些孩子会把"吃药"和"生病"这两个概念联系在一起，觉得吃药就意味着自己有病，等于承认自己有心理问题，这会让他们非常抵触。还有些孩子正好相反。他们会对药物产生心理依赖，觉得药物就像自己的拐杖，离开了药物就没有办法正常生活、学习。

因此，在需要药物治疗的情况下，我们要和孩子充分沟通，了解他们对药物产生抵触的原因并加以疏导，帮助孩子从心理上作好服药的准备。

权衡之下，对于症状较轻的儿童，认知—行为疗法似乎是更安全的方案，无毒、无副作用，有效性也值得肯定。认知—行为疗法聚焦于帮助儿童更好地管理症状，习得自我控制的技能。除了儿童本身，这类疗法也以父母和教师为对象，帮助他们了解如何正确地回应、引导儿童的行为。例如，通过鼓励、赞扬对期待的行为给予积极反馈，对不期待的行为给予消极反馈，这就是经常用到的一种积极引导的模式。

小贴士：如何走出注意缺陷/多动障碍

家有注意缺陷/多动障碍患儿，对父母来说无疑是一个巨大的挑战，需要父母付出更多的耐心和恒心，给孩子提供积极的引导。父母具体该怎么做？以下小贴士或许会有帮助。

其一，克服负面归因。与注意缺陷/多动障碍患儿相处会让父母觉得"压力山大"，经常忍不住火冒三丈。父母之所以会如此生气，归根究底，是因为错误地解读孩子的行为。心理学中通常把这些解读称为"归因"，例如，孩子上课不专心，父母会觉得是因为孩子太调皮，其实并非如此，孩子不能很好地调节外界刺激的反馈，在被唤起的情况下，他不能有效地抑制不合时宜的想法和行为，自然无法做到认真、专心地听讲。父母需要明白孩子的苦衷和身不由己，努力克服对孩子的负面归因，避免频频发火。

其二，保持有规律、结构化的生活。这种生活能帮助孩子重建生活结构，减少分心。例如，父母可以和孩子一起制定每日作息时间表，规定起床、吃饭、做作业、游戏、睡觉的时间，并严格执行。

其三，保持条理性。注意缺陷/多动障碍患儿往往有丢三落四的毛病，做事缺乏条理性，父母可以有针对性地提供引导，例如，引导孩子将书包、衣物、玩具等物品放在固定的位置，将房间收拾整齐，物品分门别类地摆放。

其四，提供有效的工具。父母可以为孩子准备一些小工具，如计时器、闹钟等，利用工具帮助孩子提高注意力。例如，可以把计时器设置为 20 分钟，让孩子在这段时间内专心完成一件事情。不同的孩子可能有不同的方式和需求，父母可以在了解孩子的基础上，提供个性化工具，什么有效就用什么。

其五，指令简明扼要。在与注意缺陷/多动障碍患儿交流时，父母的指令要尽可能简短、清晰、易懂，确保孩子听懂、了解父母的意图。这些孩子往往无法听懂复杂、冗长的指令，这会使孩子合作、执行的可能性大大降低。

其六，减少干扰。当孩子在进行学习、看书等需要集中注意力的活动时，父母可以关闭电视，不大声说话，尽量给孩子营造一个安静的氛围，减少不必要的干扰。父母还要避免打扰孩子（如频频让他们喝水、吃水果等），鼓励他在一段时间内集中注意力，完成目标。

其七，积极反馈。当孩子出现期待的行为时，父母要给予足够的积极反馈，强化孩子的积极行为。例如，如果孩子能够按规定的时间准时完成作业，父母要极力表扬这一行为。对于一些较难实现的积极行为，父母的奖励也可以适当提高，激发孩子的积极性。注意缺陷/多动障碍儿童比一般儿童更需要夸赞和鼓励。对于不期待的行为，父母可以适当惩罚，如取消孩子看电视的时间。父母的正确反馈能让孩子清楚了解自己的行为，了解什么该做，什么不该做。当然，行为引导不会取得立竿见影的效果，需要父母持之以恒，才能见效。

分心和多动不是孩子的错。与其指责孩子，不如尽早带他们寻求诊断和干预，这才是上上之策。

第九章

破坏性和品行障碍：
暴力成瘾

有这样一群孩子：他们会无缘无故地为小事发脾气，总是非常生气，还会频繁地与父母发生争执和冲突；你永远别指望他们能顺从父母的心意，也别指望他们会乖乖地遵守任何要求或规则；他们在学校也不是省油的灯，和同伴发生口角或肢体冲突是大概率事件，违反校纪校规也是家常便饭，被老师频频地要求见家长。

你身边有这样的孩子吗？

其实，仔细回想，从小到大，我们周围或多或少有同学可以对号入座。这一画像描绘了一类儿童、青少年，他们行为乖张、令人反感，但也许他们也有难言之隐，正在承受破坏性和品行障碍带来的困扰。

破坏性和品行障碍（disruptive behavior disorder）是儿童期、青春期常见的发展障碍，发生率仅次于注意缺陷／多动障碍。有统计显示，大约40%被推荐寻求专业帮助的儿童最终被确诊为破坏性和品行障碍。此类障碍还因稳定性而臭名昭著，如果不干预，症状会陷入自我强化的恶性循环，严重的情况下，甚至可能发展成反社会行为，给他人的人身安全和社会稳定制造巨大隐患。

愤怒：暴力的前奏

任何行为都不会无缘无故地产生。虽然我们"看不到"行为背后的情绪和动机，但它们就像行为的助推器。理解它们，就能理解行为的密码。

愤怒是攻击行为的情绪助推器，是暴力的前奏，是破坏性和品行障碍患儿最常体验到的消极情绪。在觉得遭遇不公平对待时，在觉得被他人冒犯时，在对他人的行为忍无可忍时，就怒从心头起。愤怒是一股由内而外的巨大力量，如火山喷发，炽热而强烈，带着摧毁一切、裹挟一切的强大气场，怂恿着人们尽情发泄。

与其他所有情绪体验一样，愤怒不仅仅停留在情绪层面，还伴随着相应的生理和行为变化。在体验到愤怒时，人们通常会血脉偾张，特别是前额和颈部的血管，会因为充满血液而凸起；脸会涨得通红；嘴会紧闭着，牙齿紧咬；汗渍渍的双手会不自觉地捏成拳头，就好像随时准备挥拳出击。愤怒会改变声音，在缺乏约束的情况下，愤怒会用尖锐、粗暴的声音表现出来。愤怒还会蒙蔽人们的双眼，干扰理性的大脑，使大脑对行为的控制和监督形同虚设。

以上种种生理变化只是序章，接下来的行动才是愤怒的主旋律。如果不能有效地调节，听之任之，愤怒就会产生危险的爆发力，直接导致暴力行为发生。大量实证研究一再强调愤怒情绪和儿童、青少年攻击行为之间的紧密关系。

你也许会好奇，为什么愤怒和暴力有紧密的关系？换句话说，为什么愤怒会推动攻击行为产生？这或许可以用两个原因来解释。

首先，情绪体验本就伴随着独特的行为冲动。当我们开心时，止不住的笑意会荡漾开来；当我们悲伤时，哭泣会自然而然地产生；当我们愤怒时，下意识的行为反应就是挥拳攻击。从本质上说，愤怒本就和暴力、攻击有无法割裂的关系，是暴力行为的情绪前奏。

神经影像学研究也支持了这一观点。与愤怒水平较低的人相比，愤怒水平较高的人会有更强的左侧前额叶激活。通常，左侧前额叶激活代表了人际交往中的趋近冲动。这就是说，愤怒的人更想与对方发生短兵相接的正面冲突。

其次，强烈的情绪体验还对大脑的理性思维产生严重的干扰，削弱大脑对行为的监督和控制。脱离了大脑调控的束缚，暴力和攻击行为便更可能发生。

博特施（Katja Bertsch）教授等人的研究发现，在体验到强烈的愤怒时，大脑的前外侧和背外侧前额叶皮层区域的激活水平明显下降。作为自我控制和理性调控的中枢，激活水平下降意味着大脑对人体的行为调控正在削弱。前额叶皮层还对边缘系统有抑制作用，其中就包括杏仁核。前额叶对杏仁核的抑制减弱，就会让杏仁核激活增强，愤怒的人也就更难控制自己的攻击欲。这就相当于为暴力、攻击行为扫清了道路，使它们一触即发。

区别问题行为和行为问题

问题行为在儿童、青少年中并不罕见。在感受到压力时，他们会用反常的行为作为应对压力的方式。例如，家中的弟弟或妹妹出生后，全家人的注意力会暂时都放在新生儿身上，难免对大宝造成影响。大宝可能心理失衡，觉得弟弟或妹妹抢走了本来属于自己的关注和爱护，便会用忤逆、制造麻烦，甚至攻击弟弟或妹妹的方式来博取家人的关注，重建心理平衡。同样的情形还可能发生在其他情境中，如父母离婚、亲人过世等。由这些压力事件引发的短暂、轻微的问题行为是儿童、青少年的应激方式，是正常的心理宣泄，是成长过程中的小插曲，无需惊慌。

与之相比，以破坏性和品行障碍为代表的行为问题往往更严重，持续时间更长，远远超出正常宣泄的范围，通常被统称为"外化行为问题"。这类问题较明显,很容易引起他人的反感和警觉。这与我们之前提到的抑郁障碍、焦虑障碍带来的行为问题形成鲜明的对比:此类问题通常较隐蔽,个体内心的纠结和痛苦是指向自我的,不易觉察,也因此被统称为"内化行为问题"。

"问题行为"和"行为问题"虽然措辞相近,但本质上截然不同。我们需要区别儿童、青少年的不恰当行为究竟是压力面前的短暂应激行为,即问题行为,还是更持久、严重的行为问题。如果是前者,从压力源入手,教授孩子应对压力的技能可以从根本上帮助孩子克服问题行为;但如果是后者,就需要及时的干预和治疗。

在 DSM-5 中,破坏性和品行障碍包括对立违抗障碍、间歇性暴怒障碍、品行障碍、纵火狂和盗窃狂这几个亚类型。其中,对立违抗障碍(oppositional defiant disorder,ODD)和品行障碍(conduct disorder,CD)在儿童、青少年身上较常见。

对立违抗障碍:习惯性愤怒和忤逆

患有对立违抗障碍的孩子就像一个"刺头",被他人不喜。DSM-5 中明确指出对立违抗障碍的诊断需要基于以下症状:

- 愤怒或易激惹的心境:经常发脾气;经常过分敏感或很容易生气;经常很愤怒。
- 争论或违抗行为:经常与权威人物争论;经常不服从指令或拒绝遵从规则;经常故意惹恼他人;经常因为自己的错误或不良行为而责备他人。

- 怨恨或复仇：在过去的半年中，至少有两次充满怨气地报复他人。

上述症状如果有至少 4 种，并且表现在与非同胞兄弟姐妹的至少一人的接触中，持续时间至少半年，就可以诊断为对立违抗障碍。

对立违抗障碍在一般人群中的检出率为 1%—11%。在青春期之前，对立违抗障碍在男生中的检出率更高；但进入青春期之后，检出率上的性别差异不断缩小。

品行障碍：蠢蠢欲动的反社会行为

品行障碍在青少年中较为常见。当个体成年后，品行障碍会被诊断为反社会型人格障碍，青春期的品行障碍也因而被视为反社会型人格障碍的警示标志。不过，并不是所有确诊品行障碍的青少年都无一幸免地发展出反社会型人格障碍。早期诊断和治疗能在一定程度上阻断恶化之路。

与对立违抗障碍相比，品行障碍的症状更严重，患品行障碍的青少年更可能对他人、社会造成安全隐患。对于男孩，品行障碍的典型标志是打架、盗窃、故意破坏他人财物、违反校纪与校规等；对于女孩，更常见的标志是撒谎、逃学、离家出走等。

DSM-5 中关于品行障碍的症状界定包括攻击他人和动物、破坏财物、欺骗或盗窃、严重违纪与违规这几个大类。每个类别中的具体症状如下所述：

- 攻击他人和动物：经常凌辱、威胁或恐吓他人；经常挑衅他人，挑起打架；使用对他人造成严重躯体伤害的武器，如棍子、刀、砖头或枪等；对他人进行残酷的躯体虐待；对动物进行残酷的躯体虐待；当面从他人处抢夺财物，如抢劫、抢钱包等；强迫他人发生性行为。
- 破坏财物：有目的地纵火，产生巨大损害；故意损毁他人财物。
- 欺骗或盗窃：闯入他人住宅、单位或轿车；经常撒谎以获取财物、好处或逃避惩罚；偷窃，如进入商店盗窃。
- 严重违纪与违规：不顾父母的反对，经常夜不归宿；离家出走，逃学。

要确诊为品行障碍，需要表现出一种侵犯他人基本权益或触犯学校纪律、社会规则、法律法规的稳定的行为模式。如果个体在过去的一年中表现出以上行为中的至少 3 种，并且在过去的半年中有至少 1 种以上行为，就可以确诊。诊断通常会根据严重程度决定优先级，在满足多个障碍的确诊条件的情况下，重度障碍会优先确诊。如果按症状由轻至重排序，则分别为对立违抗障碍、品行障碍和反社会型人格障碍。

根据发病时间，品行障碍还可以进一步区分为三个亚类型。

- 童年期发病型：至少有 1 种症状在 10 岁之前出现。
- 青春期发病型：症状在 10 岁之后出现。
- 无法确定型：未知或不确定。

童年期发病型品行障碍的检出率大约为 5%—14%；相较之下，

青春期发病型品行障碍更常见，检出率大致为 10%—21%。这两类品行障碍很不同，不能混为一谈。

首先，两者的致病机制存在差别。有假说认为童年期发病型品行障碍主要受神经发育缺陷、不良的父母教养方式和负面的社会因素的推动；而青春期发病型品行障碍与青春期不良的同伴交往（如校园欺凌）有更多的直接关联。随着同伴交往的重要性和意义不断增强，青少年更可能受到不良的同伴互动的影响。

其次，两者对儿童、青少年发展的危害程度有一定差异。童年期发病型品行障碍有更严重的危害，这些儿童会有更严重的破坏行为，而且持续时间更长，从童年期跨越至青春期甚至成年期，行为也更稳定。在成年之后，他们的症状更可能发展成反社会型人格障碍。正是基于以上原因，我们需要甄别不同种类的品行障碍，区别对待它们。

从以上症状描述可以发现，除了程度的区别之外，对立违抗障碍和品行障碍的症状有一部分重合。对立违抗障碍和品行障碍是两种独立的障碍吗？历史上，有研究者对此持否定的观点，认为对立违抗障碍和品行障碍其实是同一类障碍。这主要是因为，首先，它们在发病时间上有一定的区别和连续性。对立违抗障碍的发病年龄一般早于品行障碍，大致在 4—8 岁。儿童期发病的品行障碍大概出现在 10 岁之前，而青春期发病的品行障碍会出现更晚。其次，对立违抗障碍和品行障碍有一些共同的症状，只是在问题的严重程度上有所区别。看起来，对立违抗障碍似乎是轻度的品行障碍。不过，这种观点在近年来已逐渐被推翻。大概 75% 被确诊为对立违抗障碍的儿童并不会后续发展为品行障碍；而 90% 被确诊为品行障碍的儿童之前曾被确诊为对立违抗障碍。两者的攻击行为也存在着质的差别。目前，我

第九章 破坏性和品行障碍：暴力成瘾

们基本认为对立违抗障碍和品行障碍是两类不同的障碍，需要区别诊断。

性别差异：男生和女生的暴力方式大不同

对立违抗障碍和品行障碍一度被认为是男生专属的障碍，在检出率上存在相当大的性别差异。对于童年期发病型品行障碍，男生和女生的发病率大概是10∶1，较为悬殊。对于青春期发病型品行障碍，性别差异较小，不过男女比例也依然达到1.5∶1。当然，这并不意味着女生都是天使般的存在，从不使用暴力。

其实，男生和女生只不过在暴力方式上存在性别差异。具体地说，男生更偏好使用赤裸裸的肢体暴力（physical aggression），如打人、踢人等。而女生的暴力方式较隐蔽，她们会偏好使用关系型暴力（relational aggression），通过言语辱骂、散播谣言、排斥、拒绝的方式达到目的。从青春期开始，这种关系型暴力的偏好在各个年龄段的女生中都极其常见。

男生为什么对肢体暴力情有独钟？追根溯源，男女生的不同性染色体是造成这一性别差异的本质原因。有研究者认为，雄性激素睾酮可能对男生的肢体暴力偏好有很大的推动作用。在青春期之前，睾酮在男生和女生体内都少量存在，没有太大的水平差异。但进入青春期之后，男生体内的睾酮激增，至少是女生的20倍左右。高水平的睾酮会对男生产生许多影响，例如，它会影响男生的应激反应，在可能的威胁面前，男生更可能采用战斗而非妥协的姿态。它还会影响大脑的语言中枢，降低青春期男生靠语言沟通、问题解决能力等良性方式解决冲突的可能性，让他们更多地依靠拳头。

需要指出的是，对立违抗障碍和品行障碍对男生和女生的危害大致相当。例如，检出童年期发病型品行障碍的女生和男生并没有太大的不同，都是各种障碍的高危人群。

哪些孩子更容易患病？

虽然对立违抗障碍和品行障碍是两种不同类型的障碍，它们的致病机制却惊人地相似。很多可能导致儿童、青少年成为对立违抗障碍易感人群的风险因素，同时是使他们成为品行障碍易感人群的风险因素。

生理因素：基因、激素、脑功能

美国杜克大学的墨菲特（Terrie E. Moffitt）教授及其同事发现，与健康对照儿童相比，破坏性和品行障碍患儿大脑前额叶区域的激活相对较弱。作为自我控制的中枢，前额叶较低的激活水平意味着儿童的自我控制能力薄弱，较冲动，不能很好地控制自己的行为。

无独有偶，注意缺陷/多动障碍患儿也被发现在前额叶区域有较弱的激活，或许这并不是一个巧合。研究者认为，前额叶的功能异常很可能是推动这两类障碍出现与发展的共同的神经机制，这也可能解释了这两类障碍的高并发。

最新的研究还发现，儿童的气质也会推动破坏性和品行障碍的形成。具有高负面情绪反应性、较不讨人喜欢以及亲社会性较低的儿童、青少年都是破坏性和品行障碍的高危人群。这主要是因为儿童的独特气质会影响与他们互动的家人、同伴等，较难相处的孩子更可能从他人处得到负面的消极反馈，增加患病的风险。

破坏性和品行障碍也会受到易感基因的影响，与此同时，后天成长环境有重要的塑造作用。基于双胞胎和收养家庭的研究发现，亲生父母或养父母患反社会型人格障碍，或者亲生父母有酗酒行为或患精神分裂症、注意缺陷/多动障碍以及抑郁障碍等，他们的孩子就会是破坏性和品行障碍的高危人群。

最后，破坏性和品行障碍患儿的自主神经系统运作存在异常。在可能的情绪刺激面前，他们的生理唤起较低。情绪的生理唤起受人体自主神经系统的调节。例如，在看到令人伤心的情景时，我们的心跳会相应放慢，这就是自主神经系统在起作用。研究发现，具有高攻击性的儿童、青少年在面对悲伤的图片时，生理唤起水平较低。

为什么低水平的生理唤起会是破坏性和品行障碍的症结之一呢？

研究者提出了两种不同的假说。其一，有研究者提出寻求刺激假说（stimulation seeking theory）。他们认为，患有破坏性和品行障碍的儿童、青少年生理唤起水平较低，他们可能会通过忤逆、暴力等极端方式来寻求感官刺激和满足感。其二，还有研究者提出无畏假说（fearlessness theory）。健康的儿童、青少年大多害怕惩罚，害怕因逾矩被父母、老师责罚甚至是很多儿童重要的外部行为动机，促使他们在日常生活中循规蹈矩。但对患有破坏性和品行障碍的儿童、青少年来说，低水平的生理唤起可能使他们对惩罚无感，自然不会因为想要避免惩罚而约束自己的暴力行为。

环境因素：父母的作用不可小觑

如果说在上述基于收养家庭的研究中，亲生父母对儿童易感性的影响同时体现了遗传和养育环境的作用，养父母的影响就着重强调了养育环境的作用。养父母的反社会型人格障碍如何对孩子产生危害？要想回答这个问题，我们需要了解推动破坏性和品行障碍的行为因素。

首先，具有反社会型人格障碍的父母更可能在亲子互动中有意无意地使用粗暴、胁迫的行为。按照社会学习理论（social learning theory），儿童耳闻目染，时间一长，难免受到不良影响，习得父母的暴力行为。儿童、青少年的暴力行为模式在一定程度上源自父母，是社会性学习的产物。

其次，儿童、青少年的暴力倾向还可能以胁迫循环（cohesive cycle）的方式不断升级和强化。这里的"胁迫循环"是指，当与父母产生分歧时，孩子会在亲子互动中以胁迫父母的方式（如哭闹、发脾气、大声吼叫等）达到自己的目的。孩子和父母的胁迫程度会相互影响、不断叠加、彼此强化。随着父母对孩子行为的忍耐阈值不断增加，孩子的胁迫行为也相应地不断增强。可能这次孩子只需要 90 分贝的吼叫就可以唬住父母，让父母就范，下次就需要升级到 110 分贝才能奏效。长此以往，语言和行为的暴力程度便会不断升级。

总而言之，糟糕的亲子互动模式和父母教养方式对破坏性和品行障碍有直接推动作用，是儿童和青少年忤逆、拒绝协作、暴力行为强有力的预测因素。

认知因素：有问题的思维模式

破坏性和品行障碍患儿在认知功能上有明显的缺损。与健康儿童相比，这些患儿的执行功能较差，言语智力水平相对较低。他们还更可能在社会信息加工的各个环节出现偏差。例如，在信息不足或不明朗的情况下，他们会更可能出现对负面信息的选择性关注，对他人的动机作敌意的揣测，以及对暴力、攻击性的行为策略有选择性偏好等。这类信息加工的负面偏差在患儿和同伴的交往中会被自动激活，在潜意识层面自动加工信息，最终导致暴力行为、攻击行为。

有研究者认为，根深蒂固的认知加工偏差和攻击行为之间可能有双向作用。一方面，有问题的认知加工模式会让儿童、青少年更可能形成攻击行为；另一方面，由攻击行为衍生的不良社交后果（如被同伴拒绝、排斥等）会进一步助长儿童、青少年的问题行为倾向。长此以往，负面认知加工模式会不断强化、巩固，越来越自动化，使得行为高度稳定，干预的难度不断增加。

小贴士：如何减少暴力行为

对立违抗和品行障碍具有高度稳定的特点。随着儿童、青少年年龄增长，干预的难度也递增，效果大打折扣。权衡之下，尽早干预，将问题扼杀在萌芽阶段无疑是更理想的选择。正是出于这样的考虑，研究者试图找到预测对立违抗和品行障碍的可靠风险因素，这样就可以通过早期筛查这些风险因素，找到可能有问题的儿童，对他们进行及时的干预。

与我们之前提到的常见发展障碍不同，目前还没有专门针对对立违抗和品行障碍的药物治疗。不过，也有一些药物（如选择性5-羟色胺再摄取抑制剂等）被发现对改善部分症状有一定的作用。相较之下，认知—行为干预是克服这一障碍的主要手段。常见的干预包括以父母为对象的干预和以儿童、青少年为对象的干预。

以父母为对象的干预

考虑到有问题的父母教养方式和亲子互动是推动儿童、青少年暴力行为的一个重要因素，很多干预实践会围绕父母展开，希望通过促成父母的积极变化来开启可能的改善之路。这些干预实践大多强调改进父母针对孩子的行为管理技巧。例如，如何正面强化孩子的合作、亲社会等积极行为，如何引导攻击行为，如何管理孩子的在校行为，如何构建良好的亲子互动，等等。

针对父母的干预实践是不是真的能够改善孩子的症状？一系列心理学干预研究采用了随机分配、设置实验组和对照组、明晰的干预方案等严格的实验控制来回答这个问题。可喜的是，这些研究的结果一致支持针对父母的干预实践对孩子的积极影响。也就是说，父母参与干预能够明显减少孩子的行为问题。

以孩子为对象的干预

还有一些干预会以儿童、青少年为对象。干预的方法和内容多种多样，大致可以分为以下三种。

其一，有的干预会关注情绪管理。我们之前提过，愤怒和攻击行为息息相关。在愤怒被唤起的情况下，如果不能有效地调节，会使孩子顺势大发雷霆，出现暴力行为。什么才是有效的愤怒调节方式呢？

第九章 破坏性和品行障碍：暴力成瘾

压制怒气并不是一个明智的选择。孩子需要明白自己的愤怒体验，弄清楚自己为什么愤怒。在此基础上，他们需要用尽可能客观的方式重新解读当下的情境，思考暴力行为之外的可能的替代行为策略。孩子还需要记录自己每日体验到的愤怒情绪和想要诉诸暴力的冲动想法，咨询师会就此和孩子展开讨论，让他们用全新的视角和方法做情绪的主人，而不是被情绪牵着鼻子走。

其二，有的干预会关注社交技能的提升。这主要是因为，很多研究表明，这些暴力成瘾的孩子往往在社交技能上有这样或那样的缺陷。例如，他们不知道如何融入同伴群体，与同伴建立积极、良性的友谊。他们的沟通水平较低，事实上，有研究者认为，不能有效地用语言进行自我表达和沟通，正是这些孩子倾向于诉诸暴力的原因之一。他们的问题解决策略单一，与同伴发生分歧时，会简单粗暴地试图用拳头解决一切问题。有些干预会手把手地帮助孩子习得积极的社交技能，这类干预在短期内会有一定的积极效果，但它的长期效果还有待验证。

其三，有的干预会试图改变儿童、青少年有问题的思维模式。这一类干预主要基于社会信息加工理论展开，我们之前提过社会信息加工理论，此处就不再赘述。在社会信息加工的多个环节中，对他人的行为动机作出敌意揣测、单一的攻击行为策略和对攻击行为策略的偏好是研究者较关注的环节。

在一个干预研究中，美国杜克大学的道奇教授招募了891名有暴力行为倾向的高危学龄前儿童，所有儿童被随机分配到实验组或控制组。实验组儿童参加了跨越整个小学阶段的长期干预训练，干预内容包括社会认知训练、学业辅导和以父母为对象的训练。结果表明,在参与长期干预后,实验组儿童的反社会行为要显著少于控制组儿童。这一积极效果主要源于实验组儿童纠正了一些不恰当的思维模式,包括对他人的敌意归因、行为策略的匮乏和对攻击性策略的偏好。作为一个罕有的时间跨度较长的干预研究,这个研究给我们的启示是,如果我们能帮助孩子克服固有的不良思维模式,就可能减少与之密不可分的暴力行为,这种干预实践的长期效果也值得肯定。

对立违抗和品行障碍的稳定性很强,尽早发现、及时干预才能取得更好的治疗效果,让这些暴力成瘾的孩子受益。

参考文献

芭芭拉·科卢梭.(2017).*如何应对校园欺凌*.上海：华东师范大学出版社.

肯·罗宾逊，卢·阿罗尼卡.(2020).*什么是最好的教育：父母最应该给孩子的到底是什么*.杭州：浙江人民出版社.

马修·利伯曼.(2016).*社交天性：人类社交的三大驱动力*.杭州：浙江人民出版社.

美国精神医学学会.(2017).*理解DSM-5精神障碍*.北京：北京大学出版社.

乔瓦尼·弗契多.(2018).*情绪是什么：如何用神经科学解释七情六欲*.杭州：浙江人民出版社.

塔玛·琼斯基.(2020).*让孩子远离焦虑：帮助孩子摆脱不安、害怕与恐惧的心理课*.杭州：浙江人民出版社.

杨文辉，周烃，彭芳，刘海洪.(2013).湖南省岳阳县青少年抑郁的流行病学调查.*中国临床心理学杂志*，*21*(6)，937—941.

姚建龙.(2008).校园暴力：一个概念的界定.*中国青年政治学院学报*，*4*，38—43.

Abaied, J. L., & Rodolph, K. D.(2014). Family relationships, emotional processes, and adolescent depression. In C. S. Richards & M. W. O'Hara (Eds), *The Oxford Handbook of Depression and Comorbidity* (pp.460—475). Oxford University Press.

Abela, J. R. Z. & Hankin, B. L.(2007). *Handbook of depression in children and adolescents*. The Guilford Press.

Adam, E. K., Doane, L. D., Zinbarg, R. E., Mineka, S., Craske, M. G., & Griffith, J. W.(2010). Prospective prediction of major depressive disorder from cortisol awakening responses in adolescence. *Psychoneuroendocrinology*, *35*(6), 921—931.

American Psychiatric Association (APA). (2013a). *Diagnostic and statistical manual of mental disorders* (5th ed.). Author.

American Psychiatric Association (APA). (2013b). *DSM-5 and diagnoses for children*. Retrieved from www.psychiatry.org/dsm5.

Amato, P. R. (2010). Research on divorce: Continuing trends and new developments. *Journal of Marriage and Family*, *72*(3), 650—666.

Araya, R., Montero-Marin, J., Barroilhet, S., Fritsch, R., & Montgomery, A. (2013). Detecting depression among adolescents in Santiago, Chile: Sex differences. *BMC Psychiatry*, *13*, [269].

Ashwin, C., Baron-Cohen, S., Wheelwright, S., O'Riordan, M., & Bullmore, E. T. (2007). Differential activation of the amygdala and the "social brain" during fearful face-processing in Asperger Syndrome. *Neuropsychologia*, *45*(1), 2—14.

Avenevoli, S., Knight, E., Kessler, R. C., & Merikangas, K. R. (2008). Epidemiology of depression in children and adolescents. In J. R. Z. Abela & B. L. Hankin (Eds.), *Handbook of depression in children and adolescents* (pp.6—32). The Guilford Press.

Barber, B. K. (1996). Parental psychological control: Revisiting a neglected construct. *Child Development*, *67*(6), 3296—3319.

Barkley, R. A. (2015). Emotional dysregulation is a core component of ADHD. In R. A. Barkley (Ed.), *Attention-deficit hyperactivity disorder: A handbook for diagnosis and treatment*, 4th ed. (pp.81—115). The Guilford Press.

Bates, J. E., Schermerhorn, A. C., & Petersen, I. T. (2014). Temperament concepts in developmental psychopathology. In M. Lewis, K. D. Rudolph, M. Lewis (Ed), & K. D. Rudolph (Eds.), *Handbook of developmental psychopathology*, 3rd ed. (pp.311—329). Springer Science+Business Media.

Baumgaertel, A., Blaskey, L., & Antia, S. X. (2008). Disruptive behavior disorders. In S. H. Fatemi & P. J. Clayton (Eds.), *The medical basis of psychiatry*, 3rd ed. (pp.301—333). Humana Press.

Beauchaine, T. P., Gatzek-Kopp, L., & Gizer, I. R. (2017). Genetic, environmental, and epigenetic influences on behavior. In T. P. Beauchaine & S. P. Hinshaw (Eds.)

参考文献

Child and Adolescent Psychopathology (3rd Ed., pp.68—109). Wiley.

Beauchaine, T. P., & Hinshaw, S. P. (2017). *Child and adolescent psychopathology* (3rd Ed.). Wiley.

Beauchaine, T. P., Hinshaw, S. P., & Pang, K. L. (2010). Comorbidity of attention-deficit/hyperactivity disorder and early-onset conduct disorder: Biological, environmental, and developmental mechanisms. *Clinical Psychology: Science and Practice*, *17*(4), 327—336.

Beck, A. T. (1987). Cognitive models of depression. *Journal of Cognitive Psychotherapy*, *1*(1), 5—37.

Beck, A. T. (2002). Cognitive models of depression. In R. L. Leahy, E. T. Dowd, R. L. Leahy (Ed), & E. T. Dowd (Ed)(Eds.), *Clinical advances in cognitive psychotherapy: Theory and Application* (pp.29—61). Springer Publishing Co.

Beidel, D. C., Turner, S. M., Young, B. J., Ammerman, R. T., Sallee, F. R., & Crosby, L. (2007). Psychopathology of adolescent social phobia. *Journal of Psychopathology and Behavioral Assessment*, *29*(1), 47—54.

Belsky, J., & de Haan, M. (2011). Annual research review: Parenting and children's brain development: The end of the beginning. *Journal of Child Psychology and Psychiatry*, *52*(4), 409—428.

Belsky, J., Newman, D. A., Widaman, K. F., Rodkin, P., Pluess, M., Fraley, R. C., Berry, D., Helm, J. L., & Roisman, G. I. (2016). "Differential susceptibility to effects of maternal sensitivity? A study of candidate plasticity genes": Corrigendum. *Development and Psychopathology*, *28*(4, Part 2), 1569—1570.

Berndt, T. J., & McCandless, M. A. (2009). Methods for investigating children's relationships with friends. In K. H. Rubin, W. M. Bukowski, & B. Laursen (Eds.), *Handbook of peer interactions, relationships, and groups* (pp.63—81). The Guilford Press.

Bernstein, G. A., Bernat, D. H., Davis, A. A., & Layne, A. E. (2008). Symptom presentation and classroom functioning in a nonclinical sample of children with social phobia. *Depression and Anxiety*, *25*(9), 752—760.

Bierman, K. L. (2007). Anger and aggression: A developmental perspective. In

T. A. Cavell & K. T. Malcolm (Eds.), *Anger, aggression and interventions for interpersonal violence* (pp.215—238). Lawrence Erlbaum Associates Publishers.

Borelli, J. L., David, D. H., Crowley, M. J., & Mayes, L. C. (2010). Links between disorganized attachment classification and clinical symptoms in school-aged children. *Journal of Child and Family Studies*, *19* (3), 243—256.

Bowbly, J. (1973). *Attachment and loss. Volume II. Separation: Anxiety and anger.* Basic Books.

Bowlby, J. (1979). The making and breaking of affectional bonds: Etiology and psychopathology in the light of attachment theory. *British Journal of Psychiatry*, *130*, 201—201.

Brendgen, M., Vitaro, F., Bukowski, W. M., Dionne, G., Tremblay, R. E., & Boivin, M. (2013). Can friends protect genetically vulnerable children from depression? *Development and Psychopathology*, *25* (2), 277—289.

Bridge, J. A., Goldstein, T. R., & Brent, D. A. (2006). Adolescent suicide and suicidal behavior. *Journal of Child Psychology and Psychiatry*, *47* (3—4), 372—394.

Bronfenbrenner, U., & Morris, P. A. (1998). The ecology of developmental processes. In R. M. Lerner (Ed.), *Handbook of child psychology: Theoretical model of human development*, *Vol.1* (5th ed., pp.993—1028). Wiley.

Butcher, J. N., & Kendall, P. C. (2018). Introduction to childhood and adolescent psychopathology. In J. N. Butcher & P. C. Kendall (Eds.), *APA handbook of psychopathology: Child and adolescent psychopathology*, *Vol.2.* (pp.3—14). American Psychological Association.

Card, N. A., Isaacs, J., & Hodges, E. V. E. (2009). Aggression and victimization in children's peer groups: A relationship perspective. In A. L. Vangelisti (Ed.), *Feeling hurt in close relationships* (pp.235—259). Cambridge University Press.

Cavanagh, S. E., & Huston, A. C. (2008). The timing of family instability and children's social development. *Journal of Marriage and Family*, *70* (5), 1258—1269.

Centifanti, L. C. M., Risser, S., & Little, B. (2017). Peer processes and child psychopathology: A focus on externalizing behaviors. In L. C. Centifanti & D. M. Williams (Eds.), *The Wiley handbook of developmental psychopathology* (pp.311—334). Wiley Blackwell.

Choukas-Bradley, S., & Prinstein, M. J. (2014). Peer relationships and the development of psychopathology. In M. Lewis & K. D. Rudolph (Eds.), *Handbook of developmental psychopathology*, 3rd ed. (pp.185—204). Springer Science+Business Media.

Cicchetti, D. (2006). Development and psychopathology. In D. Cicchetti & D. J. Cohen (Eds.), *Developmental psychopathology: Vol.1. Theory and method* (2nd ed., pp.1—23). Wiley.

Cicchetti, D. (2007). Gene-environment interaction. *Development and Psychopathology*, *19* (4), 957—959.

Cicchetti, D., & Toth, S. L. (2009). The past achievements and future promises of developmental psychopathology: The coming of age of a discipline. *Journal of Child Psychology and Psychiatry*, *50* (1—2), 16—25.

Coates, S. W. (2004). Bowlby and Mahler: Their lives and theories. *Journal of the American Psychoanalytic Association*, *52*, 571—601.

Coghill, D., & Sonuga, B. E. J. S. (2012). Annual Research Review: Categories versus dimensions in the classification and conceptualisation of child and adolescent mental disorders—implications of recent empirical study. *Journal of Child Psychology and Psychiatry*, *53* (5), 469—489.

Coie, J. D., & Kupersmidt, J. B. (1983). A behavioral analysis of emerging social status in boys' groups. *Child Development*, *54* (6), 1400—1416.

Cortese, S., Kelly, C., Chabernaud, C., Proal, E., Di Martino, A., Milham, M. P., & Castellanos, F. X. (2012). Toward systems neuroscience of ADHD: A meta-analysis of 55 fMRI studies. *The American Journal of Psychiatry*, *169* (10), 1038—1055.

Connor, D. F. (2006). Other medications in the treatment of child and adolescent ADHD. In R. A. Barkley, *Attention-deficit hyperactivity disorder: A handbook for diagnosis and treatment*, 3rd ed. (pp.564—581). Guilford Press.

Cox, M. J., Mills-Koonce, R., Propper, C., & Gariépy, J.-L. (2010). Systems theory and cascades in developmental psychopathology. *Development and Psychopathology*, *22* (3), 497—506.

Crick, N. R., Murray-Close, D., Marks, P. E. L. & Mohajeri-Nelson, N. (2009). Aggression and peer relationship in school-age children: Relational and physical aggression in group and dyadic contexts. In K. H. Rubin, W. M. Bukowski & B. Lauren (Eds.), *Handbook of peer interactions, relationships, and groups* (pp.287—302). Guilford Press.

Dalton, K. M., Nacewicz, B. M., Johnstone, T., Schaefer, H. S., Gernsbacher, M. A., Goldsmith, H. H., Alexander, A. L., & Davidson, R. J. (2005). Gaze fixation and the neural circuitry of face processing in autism. *Nature Neuroscience*, *8* (4), 519—526.

Davies, P. T., & Cummings, E. M. (1994). Marital conflict and child adjustment: An emotional security hypothesis. *Psychological Bulletin*, *116* (3), 387—411.

Davies, P. T., & Cummings, E. M. (2006). Interparental discord, family process, and developmental psychopathology. In D. Cicchetti & D. J. Cohen (Eds.), *Developmental psychopathology: Vol.3. Risk, disorder, and adaptation* (2nd ed., pp.86—128). Wiley.

Davies, P. T. & Sturge-Apple, M. L. (2014). Family context in the development of psychopathology. In M. Lewis & K. D. Rudolph (Eds.) *Handbook of Developmental Psychopathology* (pp.143—161). Springer.

Dawson, G., Webb, S. J., Wijsman, E., Schellenberg, G., Estes, A., Munson, J., & Faja, S. (2005). Neurocognitive and electrophysiological evidence of altered face processing in parents of children with autism: Implications for a model of abnormal development of social brain circuitry in autism. *Development and Psychopathology*, *17* (3), 679—697.

De Pauw, S. S. W., & Mervielde, I. (2010). Temperament, personality and developmental psychopathology: A review based on the conceptual dimensions underlying childhood traits. *Child Psychiatry and Human Development*, *41* (3), 313—329.

参考文献

de Wied, M., van Boxtel, A., Matthys, W., & Meeus, W. (2012). Verbal, facial and autonomic responses to empathy-eliciting film clips by disruptive male adolescents with high versuslow callous-unemotional traits. *Journal of Abnormal Child Psychology*, *40*, 211—223.

Dodge, K. A., & Godwin, J. (2013). Social-information-processing patterns mediate the impact of preventive intervention on adolescent antisocial behavior. *Psychological Science*, *24*(4), 456—465.

Dodge, K. A., & Pettit, G. S. (2003). A biopsychosocial model of the development of chronic conduct problems in adolescence. Developmental Psychology, *39*(2), 349—371.

Egeland, B., & Hiester, M. (1995). The long-term consequences of infant day-care and mother-infant attachment. *Child Development*, *66*(2), 474—485.

Ehrmantrout, N., Allen, N. B., Leve, C., Davis, B., & Sheeber, L. (2011). Adolescent recognition of parental affect: Influence of depressive symptoms. *Journal of Abnormal Psychology*, *120*(3), 628—634.

Elkins, I. J., Malone, S., Keyes, M., Iacono, W. G., & McGue, M. (2011). The impact of attention-deficit/hyperactivity disorder on preadolescent adjustment may be greater for girls than for boys. *Journal of Clinical Child and Adolescent Psychology*, *40*(4), 532—545.

Essau, C. A., Conradt, J., & Petermann, F. (2000). Frequency, comorbidity, and psychosocial impairment of specific phobia in adolescents. *Journal of Clinical Child Psychology*, *29*(2), 221—231.

Eyberg, S. M., O'Brien, K. A., & Chase, R. M. (2006). Oppositional/Defiant Disorder. In J. E. Fisher & W. T. O'Donohue (Eds.), *Practitioner's guide to evidence-based psychotherapy* (pp.461—468). Springer Science+Business Media.

Fanti, K. A., Eisenbarth, H., Goble, P., Demetriou, C., Kyranides, M. N., Goodwin, D., ...Cortese, S. (2019). Psychophysiological activity and reactivity in children and adolescents with conduct problems: A systematic review and meta-analysis. *Neuroscience and Biobehavioral Reviews*, *100*, 98—107.

Federman, D. D. (2006). The Biology of Human Sex Differences. *The New England*

Journal of Medicine, *354* (14), 1507—1514.

Fernández-Jaén, A., Albert, J., Fernández-Mayoralas, D. M., López-Martín, S., Fernández-Perrone, A. L., Jimenez de la Peña, M., Calleja-Pérez, B., Recio Rodríguez, M., & López Arribas, S. (2018). Cingulate cortical thickness and dopamine transporter (DAT1) genotype in children and adolescents with ADHD. *Journal of Attention Disorders*, *22* (7), 651—660.

Gass, K., Jenkins, J., & Dunn, J. (2007). Are sibling relationships protective? A longitudinal study. *Journal of Child Psychology and Psychiatry*, *48* (2), 167—175.

Ghashghaei, H. T., Hilgetag, C. C., & Barbas, H. (2007). Sequence of information processing for emotions based on the anatomic dialogue between prefrontal cortex and amygdala. *NeuroImage*, *34* (3), 905—923.

Gizer, I. R., Ficks, C. & Waldman, I. D. (2009). Candidate gene studies of ADHD: a meta-analytic review. *Human Genetics*, *126*, 51—90.

Granic, I. (2005). Timing is everything: Developmental psychopathology from a dynamic systems perspective. *Developmental Review*, *25* (3—4), 386—407.

Grant, K. E., Compas, B. E., Stuhlmacher, A. F., Thurm, A. E., McMahon, S. D., & Halpert, J. A. (2003). Stressors and child and adolescent psychopathology: Moving from markers to mechanisms of risk. *Psychological Bulletin*, *129* (3), 447—466.

Grant, K. E., McMahon, S. D., Carter, J. S., Carleton, R. A., Adam, E. K., & Chen, E. (2014). The influence of stressors on the development of psychopathology. In M. Lewis & K. D. Rudolph (Eds.), *Handbook of developmental psychopathology*, 3rd ed. (pp.205—223). Springer Science+Business Media.

Grant, K. E., McMahon, S. D., Duffy, S. N., Taylor, J. J., & Compas, B. E. (2011). Stressors and mental health problems in childhood and adolescence. In R. J. Contrada & A. Baum (Eds.), *The handbook of stress science: Biology, psychology, and health* (pp.359—372). Springer Publishing Company.

Grills, A. E., & Ollendick, T. H. (2002). Peer victimization, global self-worth, and anxiety in middle school children. *Journal of Clinical Child and Adolescent Psychology*, *31* (1), 59—68.

参考文献

Gómez-Benito, J., Van de Vijver, F. J. R., Balluerka, N., & Caterino, L. (2019). Cross-cultural and gender differences in ADHD among young adults. *Journal of Attention Disorders*, *23*(1), 22—31.

Goodman, S. H. & Tully, E. (2008). Children of depressed mothers. In J. R. Z. Abela & B. L. Hankin (Eds.), *Handbook of depression in children* (pp.415—440). Guilford Press.

Gotlib, I. H., Goodman, S. H., & Humphreys, K. L. (2020). Studying the intergenerational transmission of risk for depression: Current status and future directions. *Current Directions in Psychological Science*, *29*(2), 174—179.

Guyer, A. E., Lau, J. Y. F., McClure-Tone, E. B., Parrish, J., Shiffrin, N. D., Reynolds, R. C., ...Nelson, E. E. (2008). Amygdala and ventrolateral prefrontal cortex function during anticipated peer evaluation in pediatric social anxiety. *Archives of General Psychiatry*, *65*(11), 1303—1312.

Harmon-Jones, E., & Sigelman, J. (2001). State anger and prefrontal brain activity: Evidence that insult-related relative left-prefrontal activation is associated with experienced angerand aggression. *Journal of Personality and Social Psychology*, *80*(5), 797—803.

Hatkevich, C., Venta, A., & Sharp, C. (2019). Theory of mind and suicide ideation and attempt in adolescent inpatients. *Journal of Affective Disorders*, *256*, 17—25.

Hawes, D. J., & Dadds, M. R. (2005). Oppositional and Conduct Problems. In J. L. Hudson & R. M. Rapee (Eds.), *Psychopathology and the family* (pp.73—91). Elsevier Science.

Higa-McMillan, C. K., Francis, S. E., & Chorpita, B. F. (2014). Anxiety disorders. In E. J. Mash, R. A. Barkley, E. J. Mash (Ed), & R. A. Barkley (Eds.), *Child psychopathology*, 3rd ed. (pp.345—428). The Guilford Press.

Hinshaw, S. P. (2002). Preadolescent girls with attention-deficit/hyperactivity disorder: I Background characteristics, comorbidity, cognitive and social functioning, and parenting practices. *Journal of Consulting and Clinical Psychology*, *70*(5), 1086—1098.

Horn, M. (1989). *Before it's too late: The child guidance movement in the United States, 1922—1945*. Philadelphia, PA: Temple University Press.

Hubbard, J. A., McAuliffe, M. D., Rubin, R. M., & Morrow, M. T. (2007). The anger-aggression relation in violent children and adolescents. In T. A. Cavell & K. T. Malcolm (Eds.), *Anger, aggression and interventions for interpersonal violence* (pp.267—280). Lawrence Erlbaum Associates Publishers.

Hulvershorn, L. A., Cullen, K., & Anand, A. (2011). Toward dysfunctional connectivity: A review of neuroimaging findings in pediatric major depressive disorder. *Brain Imaging and Behavior*, 5(4), 307—328.

Husky, M. M., Delbasty, E., Bitfoi, A., Carta, M. G., Goelitz, D., Koç, C., Lesinskiene, S., Mihova, Z., Otten, R., & Kovess-Masfety, V. (2020). Bullying involvement and self-reported mental health in elementary school children across Europe. *Child Abuse & Neglect*, *107*.

Hyde, J. S., Mezulis, A. H., & Abramson, L. Y. (2008). The ABCs of depression: Integrating affective, biological, and cognitive models to explain the emergence of the gender difference in depression. *Psychological Review*, *115*(2), 291—313.

Jaffee, S. R., Caspi, A., Moffitt, T. E., Dodge, K. A., Rutter, M., Taylor, A., & Tully, L. A. (2005). Nature × nurture: Genetic vulnerabilities interact with physical maltreatment to promote conduct problems. *Development and Psychopathology*, *17*(1), 67—84.

Jarrett, M. A., & Ollendick, T. H. (2008). A conceptual review of the comorbidity of attention-deficit/hyperactivity disorder and anxiety: Implications for future research and practice. *Clinical Psychology Review*, *28*(7), 1266—1280.

Jones, K. W. (1999). *Taming the troublesome child: American families, child guidance, and the limits of psychiatric authority*. Cambridge, MA: Harvard University Press.

Kadesjö, B., & Gillberg, C. (2001). The comorbidity of ADHD in the general population of Swedish school-age children. *Journal of Child Psychology and Psychiatry*, *42*(4), 487—492.

Kim-Cohen, J., & Gold, A. L. (2009). Measured gene-environment interactions and mechanisms promoting resilent development. *Current Directions in Psychological Science*, *18*(3), 138—142.

Kim-Cohen, J., & Turkewitz, R.(2012). Resilience and measured gene-environment interactions. *Development and Psychopathology*, *24*(4), 1297—1306.

Kimonis, E. R., & Frick, P. J.(2010). Etiology of oppositional defiant disorder and conduct disorder: Biological, familial and environmental factors identified in the development of disruptive behavior disorders. In R. C. Murrihy, A. D. Kidman, & T. H. Ollendick(Eds.), *Clinical handbook of assessing and treating conduct problems in youth*(pp.49—76). Springer Science+Business Media.

Kimonis, E. R., Frick, P. J., & McMahon, R. J.(2014). Conduct and oppositional defiant disorders. In E. J. Mash & R. A. Barkley(Eds.), *Child psychopathology*, 3rd (ed., pp.145—179). The Guilford Press.

Kliemann, D., Dziobek, I., Hatri, A., Baudewig, J., & Heekeren, H. R.(2012). The role of the amygdala in atypical gaze on emotional faces in Autism Spectrum Disorders. *Journal of Neuroscience*, *32*(28), 9469—9476.

Lahey, B. B., Class, Q. A., Zald, D. H., Rathouz, P. J., Applegate, B., & Waldman, I. D.(2018). Prospective test of the developmental propensity model of antisocial behavior: From childhood and adolescence into early adulthood. *Journal of Child Psychology and Psychiatry*, *59*(6), 676—683.

Lahey, B. B., Van Hulle, C. A., Waldman, I. D., Rodgers, J. L., D'Onofrio, B. M., Pedlow, S., Rathouz, P., & Keenan, K.(2006). Testing Descriptive Hypotheses Regarding Sex Differences in the Development of Conduct Problems and Delinquency. *Journal of Abnormal Child Psychology*, *34*(5), 737—755.

Lansford, J. E., Malone, P. S., Dodge, K. A., Pettit, G. S., & Bates, J. E.(2010). Developmental cascades of peer rejection, social information processing biases, and aggression during middle childhood. *Development and Psychopathology*, *22*(3), 593—602.

Lecompte, V., Moss, E., Cyr, C., & Pascuzzo, K.(2014). Preschool attachment, self-esteem and the development of preadolescent anxiety and depressive symptoms. *Attachment & Human Development*, *16*（3）, 242—260.

Lewinsohn, P. M., Rohde, P., Seeley, J. R., Klein, D. N., & Gotlib, I. H.（2000）. Natural course of adolescent major depressive disorder in a community sample: Predictors of recurrence in young adults. *The American Journal of Psychiatry*, *157*（10）, 1584—1591.

Leyfer, O., Gallo, K. P., Cooper-Vince, C., & Pincus, D. B.（2013）. Patterns and predictors of comorbidity of DSM-IV anxiety disorders in a clinical sample of children and adolescents. *Journal of Anxiety Disorders*, *27*（3）, 306—311.

Lochman, J. E., & Wayland, K. K.（1994）. Aggression, social acceptance, and race as predictors of negative adolescent outcomes. *Journal of the American Academy of Child & Adolescent Psychiatry*, *33*（7）, 1026—1035.

Lombroso, P. J., Pauls, D. L., & Leckman, J. F.（1994）. Genetic mechanisms in childhood psychiatric disorders. *Journal of the American Academy of Child & Adolescent Psychiatry*, *33*（7）, 921—938.

Luthar, S. S., Cicchetti, D., & Becker, B.（2000）. The construct of resilience: A critical evaluation and guidelines for future work. *Child Development*, *71*（3）, 543—562.

Mannie, Z. N., Harmer, C. J., & Cowen, P. J.（2007）. Increased waking salivary cortisol levels in young people at familial risk of depression. *The American Journal of Psychiatry*, *164*（4）, 617—621.

Mash, E. J., & Barkley, R. A.（2014）. *Child psychopathology*, *3rd Ed*. The Guilford Press.

Masten, A. S.（2005）. Peer Relationships and Psychopathology in Developmental Perspective: Reflections on Progress and Promise. *Journal of Clinical Child and Adolescent Psychology*, *34*（1）, 87—92.

Masten, A. S., & Kalstabakken, A. W.（2018）. Developmental perspectives on psychopathology in children and adolescents. In J. N. Butcher & P. C. Kendall（Eds.）, *APA handbook of psychopathology: Child and adolescent psychopathology*, *Vol.2*.（pp.15—36）. American Psychological Association.

McClure, E. B., Adler, A., Monk, C. S., Cameron, J., Smith, S., Nelson, E. E.,

Leibenluft, E., Ernst, M., & Pine, D. S. (2007). fMRI predictors of treatment outcome in pediatric anxiety disorders. *Psychopharmacology*, *191* (1), 97—105.

McGuire, S., Segal, N. L., Gill, P., Whitlow, B., & Clausen, J. M. (2010). Siblings and trust. In K. Rotenberg (Ed.), *Interpersonal trust during childhood and adolescence* (pp.133—154). Cambridge University Press.

McGuire, S., & Shanahan, L. (2010). Sibling experiences in diverse family contexts. *Child Development Perspectives*, *4* (2), 72—79.

McLaughlin, K. A., Hatzenbuehler, M. L., & Hilt, L. M. (2009). Emotion dysregulation as a mechanism linking peer victimization to internalizing symptoms in adolescents. *Journal of Consulting and Clinical Psychology*, *77* (5), 894—904.

McLeod, B. D., Weisz, J. R., & Wood, J. J. (2007). Examining the association between parenting and childhood depression: A meta-analysis. *Clinical Psychology Review*, *27* (8), 986—1003.

Mikolajewski, A. J., Allan, N. P., Hart, S. A., Lonigan, C. J., & Taylor, J. (2013). Negative affect shares genetic and environmental influences with symptoms of childhood internalizing and externalizing disorders. *Journal of Abnormal Child Psychology*, *41* (3), 411—423.

Moffitt, T. E., & Caspi, A. (2001). Childhood predictors differentiate life-course persistent and adolescence-limited antisocial pathways among males and females. *Development and Psychopathology*, *13* (2), 355—375.

Monk, C. S. (2008). The development of emotion-related neural circuitry in health and psychopathology. *Development and Psychopathology*, *20* (4), 1231—1250.

Morris, A. S., Houltberg, B. J., Criss, M. M., & Bosler, C. D. (2017). Family context and psychopathology: The mediating role of children's emotion regulation. In L. C. Centifanti & D. M. Williams (Eds.), *The Wiley handbook of developmental psychopathology* (pp.365—389). Wiley Blackwell.

Nigg, J. T. (2006). Temperament and developmental psychopathology. *Journal of Child Psychology and Psychiatry*, *47* (3—4), 395—422.

Nigg, J. T., & Barkley, R. A. (2014). Attention-deficit/hyperactivity disorder. In E. J. Mash & R. A. Barkley (Eds.), *Child psychopathology*, 3rd ed. (pp.75—144). The

Guilford Press.

Nigg, J. T., Hinshaw, S. P., & Huang-Pollock, C. (2006). Disorders of attention and impulse regulation. In D. Cicchetti & D. J. Cohen (Eds.), *Developmental psychopathology: Risk, disorder, and adaptation, Vol.3, 2nd ed.* (pp.358—403). John Wiley & Sons, Inc.

Nigg, J., & Nikolas, M. (2008). Attention-deficit/hyperactivity disorder. In T. P. Beauchaine & S. P. Hinshaw (Eds.), *Child and adolescent psychopathology* (pp.301—334). John Wiley & Sons Inc.

O'Connor, T. G. (2015). Developmental behavioral genetics. In M. Lewis & K. D. Rudolph (Eds.), *Handbook of developmental psychopathology* (3rd Ed., pp.245—263). Springer.

Oldenhof, H., Jansen, L., Ackermann, K., Baker, R., Batchelor, M., Baumann, S., Bernhard, A., Clanton, R., Dochnal, R., Fehlbaum, L. V., Fernandez-Rivas, A., Goergen, S., Gonzalez de Artaza-Lavesa, M., Gonzalez-Madruga, K., Gonzalez-Torres, M. A., Gundlach, M., Lotte van der Hoeven, M., Kalogerakis, Z., Kapornai, K., ... Popma, A. (2020). Psychophysiological responses to sadness in girls and boys with conduct disorder. *Journal of Abnormal Psychology*. (Supplemental)

Olweus, D. (2013). School bullying: Development and some important challenges. *Annual Review of Clinical Psychology*, 9, 751—780.

Pagani, L. S., Japel, C., Vaillancourt, T., Côté, S., & Tremblay, R. E. (2008). Links between life course trajectories of family dysfunction and anxiety during middle childhood. *Journal of Abnormal Child Psychology*, 36(1), 41—53.

Philip, R. C. M., Dauvermann, M. R., Whalley, H. C., Baynham, K., Lawrie, S. M., & Stanfield, A. C. (2012). A systematic review and meta-analysis of the fMRI investigation of autism spectrum disorders. *Neuroscience and Biobehavioral Reviews*, 36(2), 901—942.

Pine, D. S. (2007). Research review: A neuroscience framework for pediatric anxiety disorders. *Journal of Child Psychology and Psychiatry*, 48(7), 631—648.

Prinstein, M. J., Boergers, J., & Vernberg, E. M. (2001). Overt and relational aggression in adolescents: Social-psychological adjustment of aggressors and victims. *Journal of Clinical Child Psychology*, 30 (4), 479—491.

Prinstein, M. J., Borelli, J. L., Cheah, C. S. L., Simon, V. A., & Aikins, J. W. (2005). Adolescent girls' interpersonal vulnerability to depressive symptoms: A Longitudinal Examinationof Reassurance-Seeking and Peer Relationships. *Journal of Abnormal Psychology*, *114* (4), 676—688.

Prinstein, M. J., Rancourt, D., Guerry, J. D., & Browne, C. B. (2009). Peer reputations and psychological adjustment. In K. H. Rubin, W. M. Bukowski, & B. Laursen (Eds.), *Handbook of peer interactions, relationships, and groups* (pp.548—567). The Guilford Press.

Ray, R. D., & Zald, D. H. (2012). Anatomical insights into the interaction of emotion and cognition in the prefrontal cortex. *Neuroscience and Biobehavioral Reviews*, *36* (1), 479—501.

Redlich, R., Opel, N., Bürger, C., Dohm, K., Grotegerd, D., Förster, K., Zaremba, D., Meinert, S., Repple, J., Enneking, V., Leehr, E., Böhnlein, J., Winters, L., Froböse, N., Thrun, S., Emtmann, J., Heindel, W., Kugel, H., Arolt, V., ... Dannlowski, U. (2018). The limbic system in youth depression: Brain structural and functional alterations in adolescent in-patients with severe depression. *Neuropsychopharmacology*, *43* (3), 546—554.

Reiss, D., Neiderhiser, J. M., Hetherington, E. M., & Plomin, R. (2000). *The relationship code*. Harvard University Press.

Repetti, R. L., Robles, T. F., & Reynolds, B. (2011). Allostatic processes in the family. *Development and Psychopathology*, *23* (3), 921—938.

Roff, M. (1961). Childhood social interactions and young adult bad conduct. *The Journal of Abnormal and Social Psychology*, *63* (2), 333—337.

Rood, L., Roelofs, J., Bögels, S. M., Nolen-Hoeksema, S., & Schouten, E. (2009). The influence of emotion-focused rumination and distraction on depressive symptoms in non-clinical youth: A meta-analytic review. *Clinical Psychology Review*, *29* (7), 607—616.

Rose, A. J. (2002). Co-rumination in the friendships of girls and boys. *Child*

Development, *73*（6）, 1830—1843.

Rothbart, M. K., & Bates, J. E.（1998）. Temperament. In W. Damon（Series Ed.）, & N. Eisenberg（Vol. Ed.）(Eds.), *Handbook of Child Psychology：Vol.3. Social, emotional and personality development*（5th ed., pp.105—176）. Wiley.

Rubinstein, E. A.（1948）. Childhood mental disease in America：A review of the literature before 1900. *American Journal of Orthopsychiatry*, *18*（2）, 314—321.

Rutter, M., Kim-Cohen, J., & Maughan, B.（2006）. Continuities and discontinuities in psychopathology between childhood and adult life. *Journal of Child Psychology and Psychiatry*, *47*（3—4）, 276—295.

Rutter, M., & Sroufe, L. A.（2000）. Developmental psychopathology：Concepts and challenges. *Development and Psychopathology*, *12*（3）, 265—296.

Sameroff, A. J.（2000）. Developmental systems and psychopathology. *Development and Psychopathology*, *12*（3）, 297—312.

Schneider, B. H., Hastings, P., Guyer, A., Brendgen, M., & Cwinn, E.（2014）. *Child psychopathology：From infancy to adolescence*. Cambridge University Press.

Schultz, R. T.（2005）. Developmental deficits in social perception in autism：The role of the amygdala and fusiform face area. *International Journal of Developmental Neuroscience*, *23*（2—3）, 125—141.

Schwartz-Mette, R. A., Shankman, J., Dueweke, A. R., Borowski, S., & Rose, A. J.（2020）. Relations of friendship experiences with depressive symptoms and loneliness in childhood and adolescence：A meta-analytic review. *Psychological Bulletin*, *146*（8）, 664—700.

Seligman, M. E. P.（1975）. *Helplessness：On depression, development, and death*. Freeman.

Shakow, D.（1968）. The development of orthopsychiatry：The contributions of Levy, Menninger, and Stevenson. *American Journal of Orthopsychiatry*, *38*, 804—809.

Shanahan, L., Kim, J.-Y., McHale, S. M., & Crouter, A. C.（2007）. Sibling similarities and differences in time use：A pattern-analytic, within-family approach. *Social Development*, *16*（4）, 662—681.

参考文献

Silk, J. S., Nath, S. R., Siegel, L. R., & Kendall, P. C. (2000). Conceptualizing mental disorders in children: Where have we been and where are we going? *Development and Psychopathology*, *12* (4), 713—735.

Sroufe, L. A., & Rutter, M. (1984). The domain of developmental psychopathology. *Child Development*, *55* (1), 17—29.

State, M. W., Lombroso, P. J., Pauls, D. L., & Leckman, J. F. (2000). The genetics of childhood psychiatric disorders: A decade of progress. *Journal of the American Academy of Child & Adolescent Psychiatry*, *39* (8), 946—962.

Stewart, S. E., & Pauls, D. L. (2008). Genetics of childhood-onset psychiatric disorders. In J. W. Smoller, B. R. Sheidley, & M. T. Tsuang (Eds.), *Psychiatric genetics: Applications in clinical practice* (pp.69—97). American Psychiatric Publishing, Inc.

Stifter, C., & Dollar, J. (2016). Temperament and developmental psychopathology. In D. Cicchetti & D. Cicchetti (Ed)(Eds.), *Developmental psychopathology: Risk, resilience, and intervention*, Vol.4, 3rd ed. (pp.546—607). John Wiley & Sons, Inc.

Swartz, J. R., & Monk, C. S. (2014). Functional magnetic resonance imaging in developmental psychopathology: The brain as a window into the development and treatment of psychopathology. In M. Lewis & K. D. Rudolph (Eds.), *Handbook of developmental psychopathology*, 3rd ed. (pp.265—286). Springer Science+Business Media.

Swartz, J. R., Wiggins, J. L., Carrasco, M., Lord, C., & Monk, C. S. (2013). Amygdala habituation and prefrontal functional connectivity in youth with Autism Spectrum Disorders. *Journal of the American Academy of Child & Adolescent Psychiatry*, *52* (1).

Swanson, J., Baler, R. D., & Volkow, N. D. (2011). Understanding the effects of stimulant medications on cognition in individuals with attention-deficit hyperactivity disorder: A decade of progress. *Neuropsychopharmacology*, *36* (1), 207—226.

Telzer, E. H., Mogg, K., Bradley, B. P., Mai, X., Ernst, M., Pine, D. S., & Monk, C. S. (2008). Relationship between trait anxiety, prefrontal cortex, and attention bias to angry faces in children and adolescents. *Biological Psychology*, *79* (2), 216—222.

Tistarelli, N., Fagnani, C., Troianiello, M., Stazi, M. A., & Adriani, W. (2020). The nature and nurture of ADHD and its comorbidities: A narrative review on twin studies. *Neuroscience and Biobehavioral Reviews*, *109*, 63—77.

Tremblay, R. E. (2012). Environmental, genetic and epigenetic influences on the developmental origins of aggression and other disruptive behaviors. In T. Bliesener, A. Beelmann, & M. Stemmler (Eds.), *Antisocial behavior and crime: Contributions of developmental and evaluation research to prevention and intervention* (pp.3—16). Hogrefe Publishing.

Vrshek-Schallhorn, S., Doane, L. D., Mineka, S., Zinbarg, R. E., Craske, M. G., & Adam, E. K. (2013). The cortisol awakening response predicts major depression: Predictive stability over a 4-year follow-up and effect of depression history. *Psychological Medicine*, *43* (3), 483—493.

Volkow, N. D., Wang, G.-J., Tomasi, D., Kollins, S. H., Wigal, T. L., Newcorn, J. H., Telang, F. W., Fowler, J. S., Logan, J., Wong, C. T., & Swanson, J. M. (2012). Methylphenidate-elicited dopamine increases in ventral striatum are associated with long-term symptom improvement in adults with attention deficit hyperactivity disorder. *The Journal of Neuroscience*, *32* (3), 841—849.

Wakefield, J. C. (1999). Evolutionary versus prototype analyses of the concept of disorder. *Journal of Abnormal Psychology*, *108* (3), 374—399.

Wakefield, J. C. (2010). Taking disorder seriously: A critique of psychiatric criteria for mental disorders from the harmful-dysfunction perspective. In T. Millon, R. F. Krueger, & E. Simonsen (Eds.), *Contemporary directions in psychopathology: Scientific foundations of the DSM-V and ICD-11* (pp.275—300). Guilford Press.

Wang, Y., & Yan, N. (2019). Trajectories of internalizing and externalizing problems in preschoolers of depressed mothers: Examining gender differences. *Journal of Affective Disorders*, *257*, 551—561.

Weems, C. F., Silverman, W. K., & La Greca, A. M. (2000). What do youth referred for anxiety problems worry about? Worry and its relation to anxiety and anxiety disorders in children and adolescents. *Journal of Abnormal Child Psychology*, *28*（1）, 63—72.

Werner, E. E.（1995）. Resilience in development. *Current Directions in Psychological Science*, *4*（3）, 81—85.

Willcutt, E. G.（2012）. The prevalence of DSM-IV attention-deficit/hyperactivity disorder: A meta-analytic review. *Neurotherapeutics*, *9*（3）, 490—499.

Willner, C. J., Gatzke-Kopp, L. M., & Bray, B. C.（2016）. The dynamics of internalizing and externalizing comorbidity across the early school years. *Development and Psychopathology*, *28*（4）, 1033—1052.

World Health Organization（WHO）.（2019）. *The ICD-11: Version 2011 classification of mental and behavioural disorders: Clinical descriptions and diagnostic guidelines*. Author.

Zelazo, P. D.（2020）. Executive function and psychopathology: A neurodevelopmental perspective. *Annual Review of Clinical Psychology*, *16*, 431—454.

后记

儿童、青少年发展障碍并不是一个轻松的研究话题，它甚至有些沉重和晦涩。在最初的构思阶段，我一度想打退堂鼓。毕竟，要将这样的主题用轻松、易懂的方式娓娓道来，还真有些难度。如何在保留精华、确保科学性的基础上提升可读性，用通俗易懂的语言讲述这个深奥的故事？直至本书结尾，我依然在探索这个问题的答案。

尽管这个话题并不平易近人，却对儿童、青少年的健康发展至关重要。那些脾气火爆的孩子，那些郁郁寡欢的孩子，那些焦虑不安的孩子，那些注意力涣散的孩子，或许正在独自挣扎，在成长的"烦恼"中浮浮沉沉。他们需要被看见，需要获得相应的帮助来克服"烦恼"，在本该开心的年龄尽情享受阳光下的人生。

我要感谢我的工作单位华东师范大学心理与认知科学学院对本书的倾力支持，感谢本书编辑上海教育出版社的金亚静女士，这已经是我们合作的第二本书了。她的认真、细致、严谨让我深受触动。感谢我的家人，谢谢你们给予的无条件的爱和支持，在我忙着写书时为我默默地挑起家

后记

庭的重担。

　　生活是一次旅程，成长不过是旅程中的一段必经之路。帮孩子卸下成长的烦恼，才能让他们收获值得的人生。希望本书能为破译儿童、青少年发展障碍，提升发展障碍的公众认知作出微薄的贡献。

王一集

2021年6月

图书在版编目（CIP）数据

成长的烦恼：儿童、青少年发展障碍解析 / 王一集著. — 上海：上海教育出版社，2021.9
（俊秀青年书系 / 郝宁主编）
ISBN 978-7-5720-1101-6

Ⅰ.①成… Ⅱ.①王… Ⅲ.①儿童教育－特殊教育－研究②青少年教育－特殊教育－研究 Ⅳ.①G76

中国版本图书馆CIP数据核字(2021)第196434号

责任编辑　金亚静
装帧设计　闻人印画

俊秀青年书系
郝　宁　主编
Chengzhang De Fannao：Ertong、Qingshaonian Fazhan Zhangai Jiexi
成长的烦恼：儿童、青少年发展障碍解析
王一集　著

出版发行	上海教育出版社有限公司
官　　网	www.seph.com.cn
地　　址	上海市闵行区号景路159弄C座
邮　　编	201101
印　　刷	上海叶大印务发展有限公司
开　　本	890×1240　1/32　印张 6.875
字　　数	167 千字
版　　次	2021年10月第1版
印　　次	2021年10月第1次印刷
书　　号	ISBN 978-7-5720-1101-6/B·0029
定　　价	49.00 元

如发现质量问题，读者可向本社调换　电话：021-64373213